열두 달 성평등 교실

박스 열고 나와, 진짜 나 찾기

열두 달 성평등 교실

초판 1쇄 발행 2021년 7월 10일 **초판 4쇄 발행** 2025년 11월 20일
글쓴이 아웃박스 **그린이** 정재윤

펴낸이 이영선
책임편집 김문정
편집 이일규 김선정 김문정 김종훈 이민재 이현정 조유진
디자인 김회량 위수연
독자본부 김일신 손미경 정혜영 김연수 김민수 박정래 김인환
펴낸곳 파란자전거 **출판등록** 1999년 9월 17일(제406-2005-000048호)
주소 경기도 파주시 광인사길 217(파주출판도시) **전화** (031)955-7470 **팩스** (031)955-7469
홈페이지 www.paja.co.kr **이메일** booksea21@hanmail.net

ⓒ 아웃박스·정재윤, 2021
ISBN 979-11-88609-80-2 74330
　　　979-11-88609-79-6 (세트)

파란자전거는 도서출판 서해문집의 어린이 책 브랜드입니다. 페달을 밟아야 똑바로 나아가는 자전거처럼 파란자전거는 어린이와 청소년이 혼자 힘으로도 바르게 설 수 있도록 도와줍니다.

어린이제품안전특별법에 의한 제품 표시
제조자명 파란자전거 **제조국** 대한민국 **사용연령** 10세 이상 어린이 제품
▲ **주의** 책의 모서리가 날카로우니 던지거나 떨어뜨려 다치지 않도록 주의하세요.
KC 마크는 이 제품이 공통안전기준에 적합하였음을 의미합니다.

슬기로운 사회생활 001

열두 달 성평등 교실

박스 열고 나와, 진짜 나 찾기

아웃박스 글 | 정재윤 그림

파란자전거

글쓴이의 말

세상을 바꾸는 한마디
"왜 그래야 해?"

만나서 반갑습니다! 책을 읽게 될 독자 여러분이 어떤 사람일지 무척 궁금합니다. 요즘 학교생활은 즐거운지, 고민거리는 없는지, 이 책을 어떻게 알고 펼치게 되었는지 말이지요. 몸과 마음이 자라고, 세상에 관심이 생기는 시기이고 난 어떤 사람이 되어야 하나 고민도 할 거예요. 또 당연하게 여기던 일에 '왜 그래야 하나' 의문을 가지는 시기이기도 합니다. 여러분이 그런 시기를 보내고 있다면, 잘 찾아왔어요! 이 책은 그런 어린이 독자를 기다리고 있었어요. 새 학년이 시작되는 3월부터 종업을 앞둔 2월까지, 학교를 다니며 마주치는 평범한 상황들 속에서 평범하지 않은 질문을 던지거든요.

학교에서의 한 해를 떠올려 보세요. 새로운 친구와 처음 만난 3월에는 두 줄 서기를 하고 짝을 새로 정합니다. 4월에는 친구와 가까워지는 시기이고요. 6월이 되면 더워지는 날씨에 옷차림이 가벼워지고, 무엇을 입을까 고민하는 동안 외모에 관심도 부쩍 늘어나지요. 2학기가 시작되면 어쩐지 또래 친구에게 설레기도 해요. 공부해 나가는 동안 세상에 관심 갖고 자신만의 관점에서 비판적으로 사고하는 힘을 기르며 성장할 테고요. 다음 학년으로 올라갈 준비를 하면서는 자신의 능력과 관심사를 바탕으로 진로에 대한 고민도 깊어지겠지요.

그런데 한 번쯤 궁금한 적 없었나요? 학교에선 왜 여자와 남자로 나누어 한 줄씩 서는지, 학교 일엔 왜 늘 엄마만 참석해서 도와주시는지, 그저 친구랑 친하게 지낼 뿐인데 어째서 주변에서 "너희 사귀냐?"며 놀리는지, 왜 학년이 올라갈수록 다이어트에 관한 이야기를 많이 하는지 말이에요. 온라인 게임과 유튜브 영상에 성적인 비하 댓글이나 욕설을 쓰는 사람들은 대체 왜 그러는지, 고학년쯤 되면 왜 축구부나 방과후 과학 실험부에 여학생이 없는지, 유치원 선생님이나 간호사를 꿈꾸는 남학생이 왜 드문지 말이에요.

비슷한 고민을 가진 여러분을 위해 또 하나의 교실을 만들었습니다. '열두 달 성평등 교실', 학교에서 해결하지 못한 궁금증을 함께 풀어 나가기 위해서예요. 이 교실에서는 항상 "왜 그래야 해?"라고 딴지를 겁니다. 여성과 남성, 딱 둘로 나뉜 세상에 말이죠. 성별을 둘러싼 문제들이 여러분의 삶과 얼마나 밀접한 관련이 있는지, 여러분의 생각에 어떤 영향을 미치는지 질문을 던집니다. 이를 통해 스스로를 좀 더 알게 되는 기회를 갖고, 나와 다른 다양한 입장을 이해해 보는 힘을 기르지요. 이 교실에서의 다양한 경험은 서로 다른 성별을 이해하는 시간이고, 그 이해가 부족했을 때 생기는 오해를 푸는 자리이기도 해요. 또 새로운 관점에서 생각하는 연습을 하고, 성별 때문에 생기는 차별과 혐오에 맞서는 방법도 궁리해 봅니다. 그리하여 더 다채로운 세상으로 나아가는 발판이 되어 줄 거예요.

교실 문을 열고 나갈 때쯤이면 '그러게, 왜 그렇지? 알아보고 싶다!'는 마음으로 내가 알던 세상을 다시 한번 예민하게 바라볼 줄 아는 눈을 갖게 되기를 바랍니다. 더불어 나와 다른 존재에 관심을 갖고 애정을 담아 대화하려는 태도를 갖게 되었으면 하고요. 무엇보다

이 교실에서 보내는 여정이 여러분 스스로를 발견하고 탐구해 보는 과정이었으면 해요.

《열두 달 성평등 교실》은 초등학교 선생님들이 함께 모여 썼어요. 모두가 조금 더 평등한 세상에서 살아갈 수 있기를 바라며 수업을 고민하고 실천하는 선생님들이에요. 매일 여러분 또래의 십 대를 만나다 보니, 조금 더 생생하게 이야기를 풀어 갈 수 있었답니다.

세상이 정해 놓은 수많은 박스, '학생은/여자는/남자는/아이는/딸은/아들은 ~해야지'라는 제약에 눈치 보며 자기다움을 충분히 들여다보지 못했나요? 다양한 색을 가진 진짜 여러분을 찾아 자유롭게 자기다움을 누리기 위해 힘차게 박스를 열고 나오는 특별한 여행, 지금부터 시작해 볼까요?

세상을 뒤흔드는 꿈을 꾸는 데에
고작 성별이 제약이 되지 않기를 바라며
아웃박스

차례

글쓴이의 말
세상을 바꾸는 한마디 "왜 그래야 해?" • 4

3월 박스에서 벗어나기
세상이 둘로 나뉜다고요? • 16
성 고정관념이 뭐예요? • 18
열리지 않는 여자 박스, 남자 박스 • 20
고정관념이 차별이 돼요 • 24
성별이 내 미래를 결정하지 않도록 • 26
실천하는 성평등 교실 예민함 렌즈로 보기 • 28

4월 가까이 가도 될까?
경계 존중이 뭐예요? • 32
내 몸의 '거기'는 어디? • 34
월경과 자위에 관한 진실 • 37
제대로 된 몸 교육을 원해요! • 40

5월 학교는 엄마가 없으면 안 돼?
학부모=엄마? • 46
집안일은 누구의 일일까요? • 47
잘할 수 있는 일을 자유롭게 선택할 권리 • 52
정상 가족, 비정상 가족? • 54
가족, 그 테두리를 넓혀라! • 55
실천하는 성평등 교실 평등한 집안일 그래프 • 60

 6월 내 외모가 어때서?

외모 평가, 외모 강박, 그게 뭔데? • 64
문제는 아름다움을 강요하는 사회 • 66
꾸미지 않는 여자, 게으르다고? • 68
남자는 외모 압박이 없을까? • 70
우리에겐 아름다울 의무가 없어요 • 72
제 외모에 신경 끄시죠! • 75
실천하는 성평등 교실 외모 평가 없는 칭찬 일기 • 77

 7월 그들만의 리그를 넘어서

내 머릿속의 축구 선수 • 82
스포츠에서도 성별이 중요해요? • 84
경기장 밖의 페어플레이 • 87
운동 못하는 남자가 어때서! • 89
나쁜 녀석들의 경계 • 91

 8월 아직 끝나지 않은 전쟁

소녀는 오늘도 그 자리에 앉아 있다 • 98
이 순간에도 계속되는 전쟁과 성폭력 • 100
세계 평화는 지금 이곳에서 • 103
실천하는 성평등 교실 평화를 위한 작은 행동 • 106

9월 두근두근 고민 상담소

연애 대나무 숲 • 110
모두에게 성적 자기결정권이 있어! • 112
성적 자기결정권을 존중하는 여섯 가지 용기 • 115
실전! 성적 자기결정권 완전 정복 • 118

10월 말이 차별이 된다고?

왜 한쪽은 외가고 한쪽은 친가지? • 124
이런 표현은 이제 그만! • 126
굳이 성별을 적어야 해? • 127
실천하는 성평등 교실   성평등 언어 사전 • 132

11월 인식이 바뀌면 사회도 바뀌어요

성폭력은 폭력입니다 • 136
성폭력이 일어나면 어떻게 해요? • 138
디지털 성범죄가 뭐예요? • 140
성범죄가 없는 사회로 • 144

12월 김 여사라는 말, 왜 쓰면 안 돼요?

혐오 표현이 뭔데요? • 150
약자를 향하는 혐오 표현 • 153
재미있는 놀이라고요? • 154
좋아요+구독 NO, 신고+차단 OK • 156
혐오 표현을 몰아내는 대항 표현 • 158
실천하는 성평등 교실   대항 표현의 힘 • 162

1월 미디어 다시 보기

다양한 여성의 이야기가 필요해! : 영화 다시 보기 • 166
그때는 로맨스, 지금은 폭력 : 드라마 다시 보기 • 171
무엇을 팔고 있나요? : 광고 다시 보기 • 174
이런 것도 성 상품화일까요? • 176
실천하는 성평등 교실   좋은 미디어 콘텐츠의 기준 • 179

2월 꿈에는 성별이 없어요!

남들이 가지 않은 길을 가는 사람들 • 184
더 많은 여성 롤 모델이 필요해! • 186
유리천장을 깬 사람들 • 190

박스에서 벗어나기

3월

| MON | TUES | WED | THURS | FRI | SAT | SUN |

길고 긴 겨울이 끝나고, 3월 새봄과 함께 시작하는
새 학년입니다. 새로운 선생님, 새로운 친구들, 새로운
교실까지 많은 것이 바뀌었어요. 많은 것이 바뀌었지만,
익숙한 풍경도 펼쳐집니다. 선생님이 외치는 이 말과 함께요.

"남자 한 줄, 여자 한 줄!"

개학식에서도, 체험 학습을 갈 때도,
급식실로 이동할 때도 남자 한 줄 여자 한 줄로 서죠.
생각해 본 적 있나요? 왜 줄을 설 때 성별로 나누어
서야 할까요? 특별한 이유라도 있을까요?

세상이 둘로 나뉜다고요?

여자와 남자, 성별은 사람을 나누는 쉽고 간편한 기준이에요. 너무도 당연해서 한 번도 이 구분을 의심하지 않았어요. 얼마나 당연하냐고요? 여러분이 배 속에 있을 때로 돌아가 볼까요? 배 속에 있는 여러분을 보며 주위 사람들이 축하의 인사를 건넵니다.

"임신 축하해요! 근데, 여자아이예요, 남자아이예요?"

성별 구분은 거의 모든 것에 영향을 미쳐요. 태어나기도 전부터 딸이라면 분홍색 옷을, 아들이라면 파란색 옷을 준비하죠. 여러분의 신발주머니나 공책 색깔도 마찬가지고요. 색깔만이 아니에요. 마트의 장난감 판매대도 여아용과 남아용으로 나뉘어 있어요. 여아용 판매대에는 인형이나 주방 놀이 세트가, 남아용 판매대에는 로봇, 블록 놀이, 팽이 같은 장난감이 있고요. 입는 옷은 어때요? 남학생이 치마를 입고 머리띠를 하고 학교에 왔다고 생각해 보세요. 우스꽝스럽다며 깔깔대고 웃기 바쁠걸요? 뒷모습만 보고도 판단하잖아요. 머리가 긴 친구는 여자, 목덜미가 다 드러나는 짧은 머리를 한 친구는 남자라고요.

노는 모습도 마찬가지예요. 여자애들이 교실에 앉아 그림 그리기나 공기놀이를 하는 동안 남자애들은 운동장으로 축구를 하러 가는 게 익숙하

다면, 안타깝게도 성별 구분이 확실한 교실입니다. 이쯤 되면 여자와 남자로 구분되지 않은 모습이 있나 싶을 정도예요. 심지어 초콜릿마저도 여아용과 남아용이 따로 있다니까요!

 성 고정관념이 뭐예요?

세상을 둘로 나누는 성, 이 성을 구분하는 기준은 무엇일까요? 흔히 여성과 남성으로 구분하는 기준은 생물학적인 차이예요. 태어나면서 가지고 있는 생식기의 차이(여자는 음순, 남자는 음경)나 성호르몬, 또는 2차 성징으로 나타나는 몸의 차이로 여성과 남성을 구분해요. 이렇게 구분하는 기준을 '생물학적 성'이라고 하고, 영어로는 섹스(sex)라고 합니다.

사실 생물학적 성의 차이로 여성과 남성을 구분하는 것은 절대적이지 않아요. 여성과 남성의 특징을 모두 가지고 태어나는 사람도 있기 때문이에요. 이를 간성(intersex)이라고 해요. 여자와 남자의 성기를 모두 가지고 태어나기도 하고, 남자인 줄 알았는데 사춘기 때 월경을 하면서 알게 되기도 해요. 그렇기 때문에 신체적 차이는 성별을 나누는 완벽한 기준이 아니랍니다.

그런데 우리는 성별에 따라 여자와 남자에게 다른 모습을 기대하고 구분해요. 이런 구분은 태어날 때부터 가지고 있던 생물학적 차이가 아니에요. 사회의 기대에 따라 나뉜 모습이지요. 이렇게 구분하는 기준을 '사회적 성', 영어로는 젠더(gender)라고 해요. 다시 말해 젠더는 사회에서 여자에게 혹은 남자에게 기대하는 행동이나 모습처럼 사회에서 만들어져 구분되는 성을 뜻합니다. 성역할이라고 생각하면 쉬워요.

일상에서 성별을 구분할 때는 생물학적 성이 아닌 사회적 성인 젠더에 따라 구분하게 돼요. 3월에 처음 만난 선생님을 보고 곧바로 여자인지 남자인지 파악하는 건 생식기를 보고 아는 게 아니잖아요. 그 사람의 머리 길이나 옷차림, 행동을 보고 그렇게 생각하죠. 성의 차이는 생물학적인 신체의 차이로만 만들어진 게 아니에요. 사회에서 만들어진 젠더의 차이가 함께 포함되어 있어요.

성별에 따라 어울리는 모습이나 역할이 다르다는 생각이 바로 '성 고정관념'이에요. 성 고정관념은 우리의 생각 곳곳에 숨어 있어요. 다음 그림은 11세 지윤이 떠올린 성 고정관념이에요. 여러분의 생각과 한번 비교해 보세요.

지윤은 남자를 생각하면 운동, 건강한 신체, 무거운 물건 들기가 떠오른다고 했어요. 파란색 티셔츠와 함께요. 여자는 쇼핑, 치마, 화장, 힘이 없다는 것을 떠올렸어요. 지윤은 '여자는 꾸미고 다닌다'와 '남자는 건강한 신체를 가진다'는 고정관념이 있는 거죠.

 **열리지 않는 여자 박스, 남자 박스**

    지윤뿐만 아니라 많은 사람들이 성 고정관념을 가지고 있어요. 나도 모르는 사이에 내가 보거나 들은 것들이 모여 고정관념을 만들어 내요. 성 고정관념은 복잡한 세상을 아주 간단하게 둘로 나눠 버려요. 개인의 특징이나 능력을 무시한 채, 단순히 여자라는 이유로, 남자라는 이유로 그럴 것이라고 판단하게 하죠. '여자니까 화장하는 걸 좋아하겠지?', '남

자니까 운동을 좋아할 거야.'처럼요.

다음 문장은 노래 가사 중 일부입니다. 빈칸에 어떤 단어가 들어갈까요?

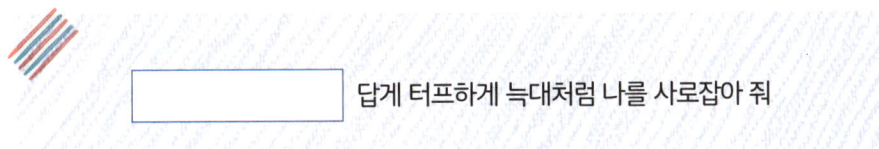
답게 터프하게 늑대처럼 나를 사로잡아 줘

정답은 '남자'답게예요. '터프하게', '늑대처럼'이라는 표현은 남자에게 어울린다는 고정관념에서 드러난 가사지요. 여자답게 터프한 모습이 잘 그려지지 않는 이유도 그 때문이에요. 이 노래뿐만이 아니에요. 다른 노래에서도 성 고정관념은 쉽게 찾아볼 수 있답니다.

● **남자다움**이 들어간 노래 가사	● **여자다움**이 들어간 노래 가사
남자답게 웃으며 보내야 하는데 **남자답게** 훌훌 털어 버리자 **남자답게** 먼저 이끌어 줄 네 모습 **남자답게** 용기 내 볼게요	**여자가** 쉽게 맘을 주면 안 돼 **여자답게** 상냥하게 보내는 거야 여자는 **여자답게** 치마라는 말 잊지 않고 사랑한다 말할까 아냐 말 못 해 나는 **여자이니까**

"남자는 터프하게, 누군가를 이끄는 모습을 보여야 해."

"여자는 쉽게 마음을 주면 안 되고 자신의 감정을 말해선 안 돼."

앞선 노래 가사처럼 사람들은 여자는 '수동적이고 얌전하고 기다려야 한다'고 생각해요. 남자는 '적극적이고 용감하고 앞장서야 한다'고 생각하고요. 사회의 고정관념이 노래 가사에 스며든 것이죠. 하지만 평소에 노래를 들을 때는 이런 문제를 느끼지 못했을 거예요. 고정관념은 일상생활에 자연스럽게 스며 있어서 발견하지 못하고 지나갈 때가 많으니까요.

고정관념을 박스(box)라고 표현하기도 해요. 생각이나 행동이 자유롭지 못하고 작은 박스에 갇혀 있다는 뜻이에요. 여자지만 인형을 좋아하지 않을 수도 있잖아요. 남자지만 머리를 허리까지 길게 기르고 싶을 수도 있고요. 하지만 고정관념 때문에 '여자는 이래야 하고', '남자는 이래야 하는' 내가 원하는 것이 아닌, 사회가 기대하는 모습에 나를 맞추게 돼요. 그 성별 박스에서 벗어나는 순간 남들과는 다른 이상한 사람이 되어 버리기 일쑤니까요.

프랑스의 소설가이며 여성 해방 운동에 앞장섰던 시몬 드 보부아르는 1949년 출간한 《제2의 성》에서 이렇게 말했어요.

"여자는 태어나는 것이 아니라 만들어진다."

여자다운, 남자다운 모습은 태어날 때 가지고 태어나는 것이 아니라는 말이에요. 남자아이는 '남자'가 되도록 키워지고, 여자아이는 '여자'가 되도록 키워져요. 작은 차이에 불과했던 성별 구분은 가정과 학교, 사회를 거치면서 큰 차이가 되어 갑니다. 하지만 이를 알아채지 못한 채 자연스럽게 받아들이다 보면 박스는 더 단단해져서 고정관념을 바꾸기란 쉽지 않아요.

성 고정관념은 문화나 시대에 따라 달라질 수 있어요. 조선 시대의 당상관이라는 높은 지위의 관리는 분홍색 의복을 입고 회의에 참석했어요. 또 여자 남자 상관없이 머리를 자르지 않고 길게 길렀죠. 지금은 여자만 입는 치마를 예전에는 남자도 입었어요. 고대 그리스 로마 사람은 여자 남자 상관없이 치마 형태의 옷을 입었고, 스코틀랜드의 남성이 입던 전통 의상 킬트(kilt)도 치마 형태입니다. 성 고정관념의 모습은 시대에 따라 변해 왔어요. 그런데도 우리는 '여자다움', '남자다움'을 변하지 않는 정답처럼 여기지요.

 고정관념이 차별이 돼요

성 고정관념은 단순히 구분으로만 끝나지 않아요. 우리 생활 전체에 영향을 주며 차별을 만들어 내니까요. 이번엔 현준이 남자와 여자가 하는 일을 떠올리며 그린 그림을 볼게요.

현준은 남자가 회사(직장)에 주로 다니고, 여자는 빨래를 하고 청소를 하고 아기를 돌보는 집안일을 한다고 생각했어요. 현준의 생각처럼 아직까지는 많은 가정에서 아빠가 회사에 다니고 엄마가 집안일을 하는 모습이 익숙해요. 하지만 이 생각이 누군가에게 '강요'가 되고 내가 원하는 일을 하지 못하게 되는 순간 차별로 이어져요.

역사적으로 사회는 남성이 중심이 되는 '가부장제'였어요. 가부장제는 아버지, 즉 남성이 사회적인 권력(힘)을 가지고 이끌어 가는 사회 형태를 뜻해요. 과거에는 밖에서 돈을 벌어 가족의 생계를 책임지는 일이 아버지의 역할이었어요. 그러다 보니 집안의 크고 작은 일을 결정할 때 아버지의 의견이 제일 중요했죠. 가정에서뿐만 아니라 사회에서도 권력은 남성에게 집중되었어요. 과거에 여성은 교육을 받을 수 없었고, 투표를 하

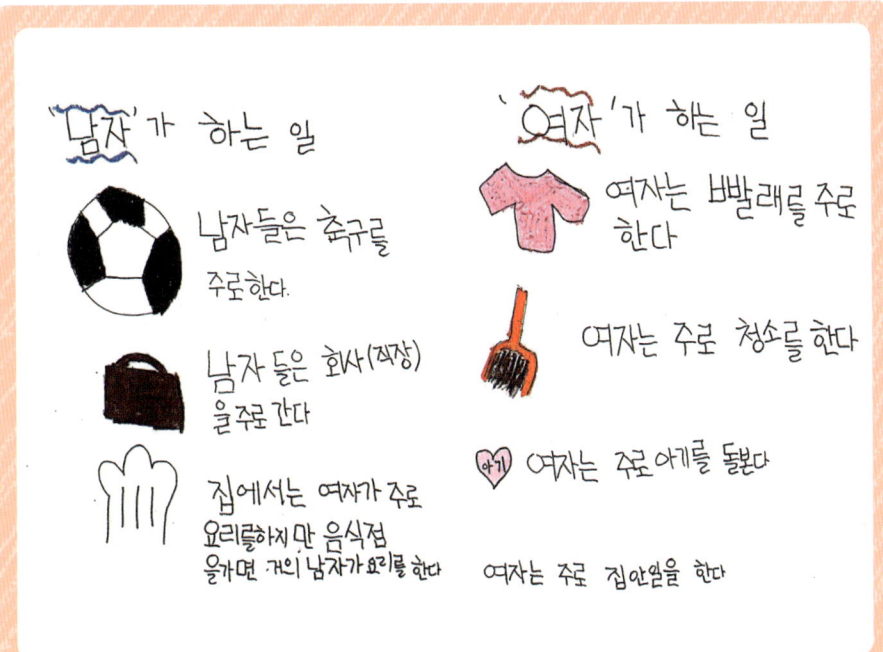

지 못했어요. 또 원하는 직업을 갖거나 재산을 소유할 수도 없는 등 기본적인 권리를 보장받지 못했죠. 불과 200년 전까지만 해도요.

세상은 과거에 비해 평등해졌지만, 가부장제는 여전히 남아 있어요. 한 회사에서 신입 사원을 뽑을 때 '여자는 결혼하면 아이를 돌봐야 하니까 우리 회사와는 맞지 않다'면서 여자들의 면접 점수를 일부러 낮게 줘서 떨어뜨린 경우가 있었어요. 다른 시험 점수는 오히려 높았는데도 말이에요. 한국 사회에 남아 있는 가부장적인 사고가 차별로 드러난 모습입니다.

 성별이 내 미래를 결정하지 않도록

나는 얼마나 자주 성별에 따른 결정을 내릴까요? 그 결정은 내 삶에 어떤 영향을 미칠까요? 단순히 머리 길이나 장난감을 결정하는 문제만은 아니에요. 수많은 결정의 순간에서 성 고정관념과 차별을 마주하니까요. 성 고정관념은 내가 좋아하는 것을 선택할 때 망설이거나 포기하게 하고, 뛰어노는 운동장의 크기를 줄이고, 꿈마저 자유롭게 펼치지 못하도록 가로막습니다. 고작 여자라는 이유로, 남자라는 이유로 말이에요.

내 미래를 성별이 결정하도록 내버려 두지 말아요. 그러려면 고정관념이라는 박스에서 벗어나야 해요. 수천수만 명의 사람들이 성별이라는 단두 개의 박스로 나뉘고, 박스 안의 사람들은 모두 같은 선택을 해야 한다면 이 세상은 얼마나 재미없고 단조로울까요?

여러분에겐 각자 다른 개성이 있어요. 지윤은 축구를 좋아하고, 가끔 덜렁대지만, 친구를 위하는 마음만은 누구보다 커요. 현준은 그림을 잘 그리고, 호탕하게 웃고, 강한 승부욕을 가졌지요. 여자, 남자라는 설명으로는 두 친구의 매력을 담아낼 수 없어요. 이토록 많은 특징들이 여자, 남자라는 하나의 특징에 가려지는 건 참 아쉬운 일이에요. 성별로 나누지 않아도 우리는 각자의 다채로운 개성을 이해하며, 조화롭게 살 수 있어요. 그럼 고정관념도 차별도 자연스럽게 사라진답니다.

각자의 개성을 이해하고 조화롭게 살아가는 조금 더 다채로운 세상을 꿈꾸려면, 우선 내가 어떤 사람인지 알아야 해요. 성별에 가려서 미처 발견하지 못했던 내 모습이요. 그런 다음에는 뻔뻔하게 숨어 있던 성 고정관념을 하나씩 찾아내야 해요. 학교에 숨어 있던 "남자 한 줄, 여자 한 줄" 같은 거요. 단순한 구분에서 고정관념이 시작되거든요.

집과 교실, 이웃과 학원, 주변을 둘러보세요. 무심코 지나쳤던 고정관념이 보이기 시작할 거예요. 고정관념을 잘 찾아내기 위해선 예민함 렌즈를 끼고 들여다봐야 해요. 예민함 렌즈는 사회를 성별 편견 없이 동등하게 바라보게 해 주는 시선이에요. 한순간에 바뀌지는 않아요. 내 안의 예민함을 차곡차곡 길러 내는 연습이 필요하답니다. 예민함 렌즈는 나를 바꾸고, 나아가 세상을 평등하게 바꾸는 힘이니까요.

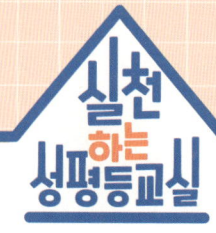

🌸 매일 생활하는 교실에서부터 연습해 봐요.
예민함 렌즈로 보니 불편하거나 바꾸고 싶은 부분이 있나요?

- 여자 남자 짝으로 지어진다.
- 무거운 짐을 옮길 때 남학생을 부른다.
- 뒷게시판을 예쁘게 꾸미는 일은 여학생만 맡는다.
- 줄을 설 때 남자 한 줄, 여자 한 줄로 나눠 선다.
- 책상과 신발장 이름표가 여자는 분홍색, 남자는 파란색이다.
- 점심시간에 운동장에 나가 축구를 하는 건 대부분 남학생이고, 여학생은 교실에서 수다를 떤다.

-
-
-
-
-
-

가까이 가도 될까?

4월

팔짱 끼기, 어깨동무하기, 손잡고 걷기는 가족이나 친구와
자주 하는 신체 접촉이에요. 이는 친밀감을 표현하는
행동이지만 어떤 경우에는 불편함을 느낄 수도 있답니다.
만일 내가 허락이나 동의 없이 다른 사람의 신체를 접촉해서
상대방의 기분을 상하게 하거나 불편하게 했다면, 이때

"경계를 침범했다"

고 할 수 있어요. 사람 사이의 경계라니,
표현이 낯설다고요? 4월에는 사람 사이의 경계와
몸에 대한 바른 인식에 대해 생각해 봐요.

경계 존중이 뭐예요?

아래의 상황 가운데 기분이 나빴거나 불편했던 경우, 혹은 그런 기분이 들 것 같은 경우에 체크해 보세요.

☐ 뒷자리 친구가 갑자기 궁금한 것이 있다며 귓속말을 했어요.

☐ 형이 노크 없이 내 방문을 열고 들어왔어요.

☐ 할아버지께서 오랜만에 보고 반갑다고 안아 주셨어요.

☐ 친구가 나에게 "너 월경 시작했어?"라고 물어봤어요.

몇 개나 되나요? 다른 사람들은 어떻게 대답할까요? 주변의 가족과 친구에게도 한번 물어보고 비교해 보세요. 친구가 나에게 "너 생리 시작했어?"라고 물었을 때 나는 당황했는데, 그 친구는 '난 물어봐도 기분 나쁘지 않던데.'라고 생각할 수 있거든요. 이렇게 서로의 의견이 다른 이유는 사람마다 경계가 다르기 때문이에요.

경계(境界)의 뜻을 사전에서 찾아보면 '사물이 어떠한 기준에 따라 나뉘는 한계'라고 나와요. 더 나아가 사람에게 경계는 신체적, 감정적으로 내가 보호받고 존중받아야 하는 한계 지점을 말해요. 예를 들어 뒷자리의 친구가 나에게 귓속말을 해도 괜찮다면, 친구는 경계를 넘지 않았다고 할 수 있어요. 반대로 불편했다면 친구는 내 경계를 침범했다고 할 수 있지요.

　미국의 인류학자 에드워드 홀은 눈에 보이지는 않지만 사람마다 자신을 둘러싼 45~120cm 정도의 '개인 공간'이 있다는 연구 결과를 발표했어요. 이 공간 안으로 누군가 예고 없이 들어오면, 사람은 불편함을 느끼거나 상대방을 무례하다고 생각한다는 말이지요. 여러분의 몸과 감정에도 이런 공간이 있다면, 그 공간이 바로 여러분의 경계예요. 경계는 사람마다 크기가 달라요. 가까운 사이라고 생각하는 사람에게는 불편함을 덜 느끼기도 하지요. 또 내 현재의 상황에 따라 바뀌기도 한답니다. 예를 들어 몸이 아프거나 친구와 싸워서 기분이 좋지 않은데, 누군가 나에게 짓궂은 농담을 하거나 장난을 친다면 평소보다 더 불쾌할 수 있어요. 이렇듯 경계는 아주 개인적인 나만의 영역이자 권리이므로 존중받아야 해요. 마찬가지로 타인의 경계도 잘 지켜져야겠지요. 이렇게 사람들이 경계를 인식하고 존중하려는 행동이나 태도를 '경계 존중'이라고 한답니다.

　경계는 친한 사이일수록 침범하기 쉬워요. 새로운 학년이 되어 처음으로 교실에 들어섰을 때를 떠올려 봐요. 새로 만난 담임 선생님, 처음 본 친구와는 대화를 나눌 때도 살펴서 하게 되고, 행동도 조심하려고 신경 쓰죠. 잘 모르는 사람이기 때문에 나도 모르는 사이에 상대방의 경계를 살펴요. 하지만 가족이거나 친한 사이일수록 서로 잘 알기 때문에 '우리 사이에 이런 말이나 행동 정도는 할 수 있잖아?'라는 생각으로 경계를 잊고 침범하는 일이 생기게 돼요.

또 몸에 대해 정확히 알지 못하거나 잘못된 성(性) 인식을 갖게 된다면 누군가에게 무례한 질문을 하거나 경계를 침범할 수도 있어요. 따라서 경계 존중을 잘하려면 제대로 된 몸의 명칭, 성에 관한 올바른 정보를 잘 아는 것이 중요해요.

내 몸의 '거기'는 어디?

사춘기를 맞이하면 신체의 많은 변화를 겪으며 이전보다 더 예민해질 수 있어요. 이때 신체뿐만 아니라 마음의 경계가 크게 바뀌기도 해요. 예전에는 가족과 스킨십하는 것을 좋아했는데 사춘기가 오면서 싫을 수 있어요. 사춘기를 맞은 내 몸, 여러분은 여러분의 몸에 대해 얼마나 알고 있나요? 다음의 질문에 답해 보세요.

월경은 시작하면 ☐ 만에 끝나고 ☐ 년 동안 계속 반복된다.

사람마다 다르지만 월경 기간은 일주일 정도입니다. 또 대략 40년 정도 월경을 계속한 뒤에야 월경이 끝나는 완경기를 겪게 됩니다.

남성의 정자는 ☐ **의 정소에서 만들어진다.**

음경의 아래쪽에 볼록하게 돌출된 고환 속에 정소라는 기관이 있고, 그곳에서 정자를 만들어 냅니다.

자위는 일주일에 한 번 해야 한다. O ☐ X ☐

자위를 하는 주기는 정해져 있는 것이 아니라 사람마다 달라요. 자신이 원할 때 하면 되지요. 하지만 너무 자주 할 경우 피부에 상처가 생기거나 성기에 부담을 줄 수 있습니다.

월경혈은 소변처럼 잠시 참았다가 집처럼 편안한 장소에서 배출할 수 있다.
O ☐ X ☐

월경은 자궁 안에 차 있던 내벽이 떨어져서 피와 함께 밖으로 배출되는 현상입니다. 흐르는 피를 억지로 멈추게 할 수는 없지요? 마찬가지로 월경혈도 자신의 의지대로 참거나 멈출 수는 없어요.

 이외에도 몸에 대해 잘못 알고 있는 것들이 많아요. 성에 대한 잘못된 정보와 생각은 의도하지 않은 차별을 낳기도 하지요. 지금부터 내 몸의 올바른 명칭, 금기시하던 월경과 자위에 대해 알아보기로 해요.

 고환, 클리토리스, 귀두, 질, 음순, 음경, 음부. 이와 같은 단어를 들어 본 적 있나요? 이 단어들은 몸의 부분을 이르는 단어예요. 눈, 코, 손톱,

무릎처럼요. 하지만 사람들은 이 신체 부분을 말해야 할 때 정확한 용어를 사용하지 않아요. 그곳, 밑, 물건, 거시기, 중요 부위라고 말할 때가 많답니다. 심지어 사실과 사건을 전하는 뉴스나 신문에서도 성기를 말해야 할 때 '중요 부위'라는 표현을 사용하는 경우가 자주 있어요.

고환, 귀두, 음경은 남성 성기의 명칭이에요. 흔히 물건, 거시기, 고추나 자지라고 낮춰 말하던 신체의 정확한 용어지요. 음경을 통해서 남성은 소변을 보고 정자를 배출해요. 또 클리토리스, 질, 음순, 음부는 여성 성기의 명칭인데 이 또한 보지라고 낮춰 말하거나 밑, 그곳, 거기 등으로 숨겨 말하는 경우가 많아요. 이상하지 않나요? '눈이 충혈됐어.', '어제 코피가 났어.'라고 말할 때 '거기가 충혈됐어.', '어제 물건에서 피가 났어.'라고 하지 않잖아요. 성기의 정확한 이름을 부르는 것이 금지되거나 잘못된 것이 아닌데, 왜 바꿔 말할까요?

아마도 예전 사람들은 일상에서 성기에 대해 다른 방식으로 말해야 점잖고 예의바르다고 생각했을지도 몰라요. 하지만 그 때문에 몸에 관해 알아야 할 것을 모르거나 잘못 알게 되는 경우도 생겼어요. 내 몸에 클리토리스가 어디에 있는지 모르는 어른도 있답니다. 클리토리스는 질과 요도의 위쪽에 볼록 튀어나온 부분이에요. 또 포경은 필수라고 생각하는 사람도 많지요. 하지만 포경은 귀두를 싸고 있는 피부를 제거하는 수술일 뿐 무조건 해야 하는 것은 아니랍니다.

월경과 자위에 관한 진실

월경도 마찬가지예요. 많은 사람들은 월경을 정확한 용어 대신 그날, 마법이라는 표현을 사용해요. 용어를 감추자 사람들은 월경에 관한 것을 드러내면 안 된다고 생각하게 되었어요. 또 대중 매체에서는 '그날'을 산뜻하고 편안하게 보낼 수 있는 약을 광고하거나, 월경용품을 착용해도 피부가 편안하고 좋은 느낌이 든다고 말하지요. 월경혈의 흡수력을 보여 주는 월경용품 광고에서는 붉은 피 대신 파란색 액체를 사용하기도 했어요. 이렇다 보니 월경을 하지 않는 사람들은 월경에 대한 잘못된 정보를 사실로 받아들이기도 해요.

어느 지역 국회의원은 월경용품 지원에 대한 회의 내용이 나오자 '위생대라고 말하면 대충 알아들을 수 있다.'고 말하며 월경이라는 단어 사용을 꺼렸어요. 편의점에서 월경용품을 살 때 검은 봉지나 가방에 빠르게 숨겨서 나가는 사람도 있고요. 월경은 숨겨야 하는 일이 아닌 몸에서 일어나는 현상일 뿐이고, 월경용품은 흐르는 피를 흡수시키기 위한 물건인데 말이에요. 게다가 여성이 월경할 때 파란색 피가 나오고, 소변처럼 잠깐 참을 수 있으며, 하루 만에 끝나는 줄 아는 사람도 있어요. 하지만 월경은 한번 시작하면 통증과 함께 일주일 동안 이어지고, 매달 반복되며, 그렇게 40년간 해야 해요. 무척 번거롭고 힘들겠지요?

바로 알아야 할 성과 관련한 지식은 자위도 마찬가지예요. 자위는 남

성의 정자 배출 방법으로 알려져 있어요. 하지만 남성의 사정만을 위한 행동은 아니에요. 남성은 자위를 통해 만족감을 느끼는 과정에서 사정을 할 수 있기 때문에 자위를 할 뿐이지, 실제로 남성이 정자를 내보내는 방법은 여러 가지입니다. 몸의 긴장이 풀리는 수면 중에 배출되기도 하고(몽정), 일상에서 소변을 볼 때 함께 일부 사정되기도 하며, 정자가 오랜 기간 배출되지 못하면 체내에 흡수되기도 해요.

바로 말하자면 자위는 자신의 성기나 성감대를 자극해서 스스로 만족감을 느끼는 행동 중의 하나예요. 그렇기 때문에 성별에 상관없이 자위를 할 수 있어요. 남성은 음경의, 여성은 클리토리스나 질 내 자극을 통해 성적 만족감을 느낄 수 있지요. 이러한 자위를 통해 얻는 성적 만족감으로 스트레스를 해소할 수도 있고, 내 몸에 대해 더 잘 알 수 있어요. 그러니 자위는 스스로를 건강하게 사랑하는 방법 중의 하나예요. 또한 지극히 사적인 영역이기 때문에 존중해야 하는 부분이기도 하지요.

하지만 많은 사람들은 자위를 무척 저속한 행위, 금기해야 하는 행위처럼 여겨 왔어요. 남성의 자위는 말장난거리가 되기도 하고, 여성의 자위는 하면 안 되는 일처럼 다루어졌어요. 또 이전의 많은 성교육 책이나 수업에서도 자위는 잘 다루지 않았지요. 그렇다면 내 몸을 사랑하고 존중하는 방법은 어디에서 배울 수 있을까요?

제대로 된 몸 교육을 원해요!

사람들은 몸에 관한, 성(性, sex)에 관한 이야기를 돌려서 표현하거나 숨기는 경우가 많아요. 이 때문에 사춘기를 맞은 십 대는 신체의 성적인 변화에 대해 바른 정보를 얻기가 더 어려워요. 주변 어른에게 물어도 '어른이 되면 자연스럽게 알게 돼.'라며 대답을 미루는 경우가 많지요. 성교육 시간에는 교과서에 나온 그림과 영상을 보며 '사춘기가 되면 여성은 월경을, 남성은 몽정을 하게 된다'거나 '난자와 정자가 만나면 임신이 된다'를 간략하게 배우고요. 하지만 40년 동안 지속되는 월경 기간에 쓸 수 있는 월경용품의 종류에는 무엇이 있는지, 자위를 안전하게 하는 방법은 무엇인지 등에 대해서는 알려 주지 않아요. 십 대의 궁금증은 점점 커지는데 말이에요!

몸을 충분히 이해하지 못하면 사람들 사이에서 공유되는 말이나 행동이 옳고 당연하다고 여길 수 있어요. 누군가에게 상처 주는 말이나 무례한 행동일 수 있는데도요. '월경, 그걸 잠깐도 못 참아?', '아직 포경 안 했어? 비위생적이야.'라고 말하는 사람이 지금도 많다고 해요. 여러분이 이런 말을 들었다면 기분이 어떨까요?

월경혈은 멈출 수 없는 현상이고, 포경을 하고 안 하고는 선택이에요. 자위도 자연스러운 일이며 개인의 선택이지요. 다른 사람의 지극히 개인적인 일을 말장난으로 다루는 건 경계를 침범하는 행동이에요. 제대로 알고 있다면 무지하게 경계를 넘는 행동은 하지 않을 수 있지요. 또 누군가에게서 그런 말을 들었을 때 내 경계가 침범받았음을 정확하게 알고 대응할 수 있어요. 따라서 제대로 된 몸 교육은 꼭 필요해요. 다행히도 최근 학교의 성교육 방향은 이전과 달리 더 정확한 정보를 제공하고 서로의 경계를 존중하는 방법을 알 수 있도록 변화하고 있어요. 여러 전문가

학교나 전문 기관의 교육 외에 우리 몸에 대해서는 스스로 공부할 필요가 있어요. 도서관이나 서점에서 관련 책을 찾아서 읽을 수도 있고, 몸에 대해 다양한 정보와 체험 기회를 얻을 수 있는 기관도 있답니다. 먼저 도움이 되는 책 중 여성의 몸에 대해 알 수 있는 《Girls' Talk(걸스 토크) : 사춘기라면서 정작 말해 주지 않는 것들》과 남성의 몸에 대해 알 수 있는 《일단, 성교육을 합니다 : 소년부터 성년까지 남자가 꼭 알아야 할 성 A to Z》를 읽어 보면 좋아요. 몸에 대한 기본적인 지식과 경계에 대해서 생각해 볼 수 있어요. 성교육, 성 상담, 성 문화 활동에 참여할 수 있는 전문 기관에는 서울시립청소년성문화센터 '아하'와 '탁틴내일'이 대표적이에요. 기관의 홈페이지를 방문해 자세한 내용을 확인하고 궁금한 점을 물어보거나 상담하거나 혹은 활동에 참여해 보면 어떨까?

아하 www.ahacenter.kr
탁틴내일 www.tacteen.net

와 선생님이 좋은 수업을 만들기 위해 노력하지요. 또 스스로도 몸에 대해 잘 알기 위해서 공부할 필요가 있어요. 그렇게 된다면 내 몸이 소중하고 지켜져야 하는 만큼 상대방의 몸 역시도 존중받아야 한다는 점을 깨닫게 됩니다.

경계라는 말은 사람 사이에 선을 긋고 들어오지 못하게 막는다는 느낌을 주기도 해요. 하지만 지금까지 알아본 대로라면, 경계를 서로 존중함으로써 평등하고 안전한 관계를 유지할 수 있어요.

이제 여러분 각자의 경계가 보이나요? 무엇을 소중히 여길지, 어떻게 상대의 경계를 존중해야 할지 떠오른다면 정말 다행입니다. 보이지 않는 나만의 공간을 지키고 다른 이의 경계를 살필 줄 아는 따뜻한 사람이 될 수 있도록, 몸에 더 관심을 가져 보세요.

학교는 엄마가 없으면 안 돼?

5월

5월은 가정의 달이에요. 학교에서는 학부모 상담,
공개 수업 등 다양한 행사를 열어요.
이맘때면 집이나 학교에서 이런 이야기가 오가죠.

"엄마 오늘 상담이라 학교에 가."
"엄마가 회사 쉬고
공개 수업 온다고 했어."

그런데 엄마가 없을 수도 있고,
다른 보호자가 올 수도 있지 않을까요?
우리는 왜 당연하게 '엄마'를 떠올렸을까요?

 ## 학부모 = 엄마?

"어머니께 보여 드리고 사인받아 오세요."

학교에서 흔히 듣는 말이죠. 그러면 혹시 이 말은 어때요?

"아버지께 알림장 확인받으세요."

어색하게 느껴지나요? 가정 통신문을 확인할 수 있는 사람은 엄마뿐만 아니라 아빠, 할머니, 삼촌 등 여러분과 함께 사는 보호자 모두 해당하는데 말이에요.

사람들은 보호자라고 하면 자연스레 엄마를 떠올려요. 학교 앞에서 교통안전 봉사를 하는 단체인 녹색 어머니회는 이름에 '어머니'라는 단어가 들어 있어요. 마미캅과 어머니 폴리스도 마찬가지예요. 이는 자녀 양육과 관련된 일은 엄마가 맡아서 하는 게 당연하다는 생각이 반영된 결과랍니다.

엄마를 넣어 만든 이름들은 학교에 참여하는 활동을 엄마만의 일이라고 생각하게 해요. 다른 가족 구성원은 자연스럽게 이 일에서 제외되고요. 그러다 보니 맞벌이 가정에서는 녹색 어머니회 당번 날이면 엄마가 회사를 하루 쉬거나 엄마 대신 활동할 사람을 구해야 하는 어려움을 겪어요. 최근에는 이러한 명칭에 문제의식을 느끼고 '녹색 학부모회', '교통 봉사단' 등으로 이름을 바꾸는 학교가 늘었어요.

하지만 명칭을 바꾸려는 노력에도 불구하고, 학교 일은 엄마가 맡아야 자연스럽다는 생각은 여전히 남아 있어요. 과거에는 부부의 역할이 거의 정해져 있었어요. 엄마는 집안일을 하며 아이를 돌보고, 아빠는 밖에 나가 돈을 벌어 왔죠. 이렇게 집안일과 육아를 주로 맡은 사람이 엄마라는 고정관념 때문에 자연스럽게 아이의 보호자를 엄마로 생각해요.

 집안일은 누구의 일일까요?

사회의 변화에 따라 여성이 교육받을 기회가 늘어나고 나아가 사회 진출을 하면서 맞벌이 가정이 늘어났어요. 맞벌이 가정이 늘어난 만큼 집안일도 나눠서 하게 되었을까요? 슬프게도 아닙니다. 2019년 통계청 자료에 따르면 맞벌이 가정인 경우에도 여전히 아내가 남편보다 3배 더 집안일을 했어요. 남편만 일하는 경우 6배, 심지어 아내만 일하는 가정에서도 아내가 매일 30분 더 집안일을 한다고 해요.

1990년대 들어서면서 한국 여성은 사회 활동에 활발하게 참여했어요. 그러면서 일과 육아를 병행하는 여성이 늘어났지요. 2000년대 중반에는 이들을 가리키는 워킹맘이라는 단어가 등장했어요. 당시에 많은 사람이 엄마의 역할은 육아와 가사라고 생각했기 때문에 일하는 엄마를 특이한 사례로 여겼어요. 그러다 보니 그들은 직장에 다니면서도 집안일을 도맡아야 했고 '워킹맘'이라는 이름이 붙게 되었죠. 요즘에는 일하는 엄마의

수가 더 늘어났지만, 생각은 크게 변하지 않았어요. 여전히 워킹맘이라는 단어가 널리 쓰이니까요.

　반면 아빠는 직장 일에 전념하는 게 당연하다고 여기다 보니 육아에 적극 참여하며 집안일하는 아빠를 '육아 대디'라고 불러요. '아이는 엄마가 봐야지, 돈은 아빠가 벌어야지'라는 오랫동안 이어져 온 사회적 인식 때문에 아내와 남편 모두 각자의 역할을 강요받고 있는지도 몰라요. 생각을 바꿔야 해요. 서로 짊어진 무게를 나누고 집안일은 부부 모두에게 책임이 있다고요.

　그렇다면 여러분 가족은 집안일을 평등하게 나눠서 하고 있나요? 집안일에는 여러 가지가 있어요. 다림질하기, 세탁하기, 가계부 정리하기, 요리하기, 장보기 등 셀 수 없을 만큼 많아요. 이 많은 일을 누가 하고 있었는지, 각 가정의 집안일 그래프를 만들어 봅시다. 먼저 표 가장 밑에 함께 생활하는 구성원을 적어요. 할아버지, 엄마, 삼촌, 나, 동생 다섯 명이 함께 산다면 다섯 명을 다 적으면 돼요. 그 이름 위로 각각 구성원이 하는 집안일을 써 보세요. 할아버지가 화분 관리와 설거지를 맡아 하신다면, 할아버지 이름 위에 하나씩 적어 위로 올리면 되겠죠. 표를 완성하고 나면 집안일을 고르게 나눠서 하는지, 몇몇 사람이 대부분의 집안일을 하는지 한눈에 알 수 있어요.

　학생들이 만든 집안일 그래프를 보면, 대부분의 가정에서 집안일은 엄마가 도맡아 했어요. 여러분의 집은 어떤가요? 집안일을 평등하게 나누어 하고 있나요? 아니면 한 사람이 너무 많은 짐을 지지는 않았나요? 누군가 버겁게 집안일을 한다면 집안일 그래프 모양이 바뀔 수 있도록 모두가 평등하게 일을 나눠서 해 보세요. 내가 할 수 있는 작은 집안일부터 찾아보자고요. 당장 오늘부터요!

나	동생	엄마	아빠
이불 개기	장난감 치우기	화장실 청소	가구 옮기기
실내화 빨기		설거지	쓰레기 비우기
방 정리		창문틀 닦기	청소기 돌리기
책상 정리		걸레질	밥 짓기
		빨래하기	분리배출
		밥 짓기	
		공과금 납부	

엄마	아빠	나	형	할아버지
장보기	짐 옮기기		동생 공부 알려 주기	방 정리
반찬 만들기				이불 개기
밥 짓기				
설거지				
쓰레기 버리기				
화장실 청소				
환기시키기				
빨래 개기				

 잘할 수 있는 일을 자유롭게 선택할 권리

　여성은 결혼부터 임신, 출산, 육아까지 매 순간 회사와 집안일과 육아 중 하나를 선택해야 하는 상황에 맞닥뜨려요. 집안일과 회사 일을 모두 해내기 어렵다 보니 회사를 그만두는 경우가 많지요. 실제로 조사를 해 보니 이십 대까지는 여성과 남성 모두 일하는 비율이 높아지다가, 삼십 대를 기준으로 차이가 크게 나타났어요. 일하는 남성의 비율은 계속해서 높아지는 반면, 일하는 여성의 비율은 줄어들었어요. 이런 현상을 경력 단절이라고 해요. 그러다 시간이 흘러 자녀가 자라 육아의 부담이 줄어 드는 사십 대에 다시 직장에 다니는 비율이 높아져요. 하지만 일을 오랜 기간 쉬었다는 이유로 불안정하고 월급이 적은 직업을 선택할 수밖에 없는 경우가 많아요.

　전업주부로 집에서 살림하기를 좋아하는 아빠도 있고, 육아휴직을 신청하고 싶어 하는 아빠도 많아요. 하지만 '아빠는 가족의 생계를 책임져야지.', '아이도 있는데 승진 안 해?'라는 말들이 선택을 어렵게 해요. 이런 문제는 개인의 노력만으로 해결하기에는 한계가 있어요. 회사를 오랫동안 다니기 위해 승진을 하려면 회사에 불만이 있어도 건의하기 힘들고, 개인보다 회사를 우선시하게 돼요. 야근이나 회식 자리를 거절하기 어려운 것도 이 때문이에요.

　다른 나라는 어떨까요? 스웨덴에는 라떼 파파라는 단어가 있어요. '라

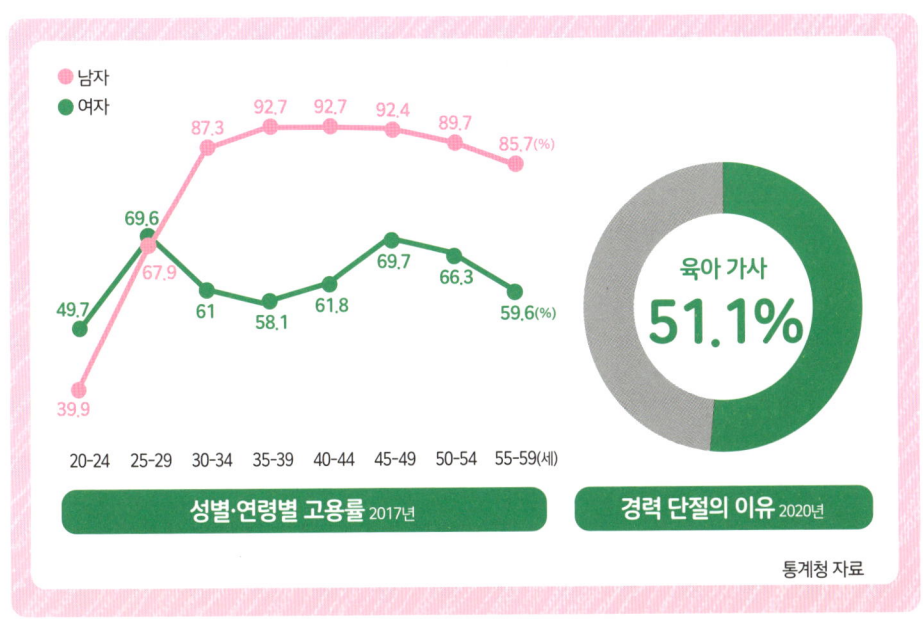

떼 파파'는 한 손에는 커피를 들고 다른 한 손으론 유아차를 끌며 육아에 적극적으로 참여하는 아빠를 뜻하는 말이에요. 스웨덴은 세계 최초로 아빠도 집에서 아이를 돌볼 수 있도록 육아휴직 제도를 도입했어요. 게다가 여성과 남성이 고르게 사용하도록 제도를 보완했지요. 육아휴직 기간을 부부가 골고루 사용할 때 경제적인 혜택을 더 주었답니다. 육아휴직 제도를 도입한 나라들은 처음에 여자만 사용하도록 했는데, 스웨덴을 시작으로 많은 나라에서 남성의 육아휴직이 가능해졌어요. 한국은 여전히 육아휴직 신청자 중 대부분이 여자지만, 스웨덴은 육아휴직 신청자 중 여자와 남자의 비율이 비슷해요. 그만큼 남성이 육아에 적극적으로 참여

한다는 의미지요.

  한국도 다양한 방법으로 자녀가 있는 가정을 지원하고 있어요. 자녀가 어린 경우 근로 시간을 줄여 주거나, 찾아가는 아이 돌봄 서비스를 제공하고, 직장 내 어린이집을 지원해요. 남성 육아휴직 제도도 더욱 확대하고 있답니다.

정상 가족, 비정상 가족?

  지금까지 엄마와 아빠를 중심으로 이루어진 가정에서 가족 구성원의 역할에 대해 이야기해 보았어요. 그러면 한발 더 나아가 봅시다. '가족'이라고 하면 어떤 모습이 떠오르나요? 사람들은 가족 하면 아이와 엄마와 아빠의 모습을 떠올려요. 그렇지 않은 경우도 많은데 "왜 할아버지랑만 살아?", "엄마는 어디 계셔?"라고 묻기도 해요. 사회에서 많이 보이는 모습을 기준으로 '정상'과 '비정상'으로 구분 짓고, 정상에 포함되지 않은 사람에게 무심코 상처를 주는 말을 하는 사람도 있어요. 부모님 두 분과 자녀가 함께 사는 가족을 정상 가족, 그 외 가족을 모두 비정상으로 보는 시선은 없어져야 할 편견이에요. 세상에는 우리가 아는 것보다 다양한 가족이 존재하거든요.

  현지 씨네 가족은 넷이에요. 엄마와 세 딸이 함께 지내요. 민성 씨네 가족은 어머니가 돌아가신 뒤로 아버지와 형 그리고 민성 씨 셋이서 생활했어요. 지금은 세 사람 모두 새로운 가정을 꾸렸어요. 아버지는 재혼해서 새 가정을 꾸렸고, 민성 씨의 형도 결혼해서 새로운 가족과 함께 살아요. 민성 씨는 독립해서 혼자 살지요. 마음 맞는 친한 친구와 10년 넘게 사는 민주 씨도 있어요. 서진 씨는 얼마 전 독립을 했는데 친구 네 명과 함께 살아요. 주방과 거실을 같이 사용하고 각자 방이 따로 있는 셰어(share)하우스에서 살아요.

이러한 모습이 아직은 낯설지도 모르겠어요. 하지만 틀린 건 아니에요. 일상을 공유하고, 서로에게 버팀목이 되어 주거든요. 사회가 변하듯 그저 형태가 예전과 달라졌을 뿐이에요. 엄마와 자매 세 명이 함께 사는 현지 씨 가족에게 아빠라는 구성원이 없다고 꼭 채워 넣어야 하는 것은 아니에요. 다른 가족의 모습에 대해 함부로 '정상', '비정상'을 가르는 일은 무례한 태도임을 기억했으면 좋겠어요.

 가족, 그 테두리를 넓혀라!

그렇다면 지금까지 소개한 다양한 가족은 모두 법적으로 가족에 포함될까요? 법적으로 가족에 해당하는 경우도 있지만, 그렇지 않은 경우도 있어요. 민법에서 가족의 범위를 다음과 같이 정하고 있기 때문이죠.

1. 배우자, 직계 혈족 및 형제자매
2. 직계 혈족의 배우자, 배우자의 직계 혈족 및 배우자의 형제자매
2번의 경우에는 생계를 같이하는 경우에만 해당한다.

_민법 제779조 가족의 범위, 2005

배우자는 결혼한 상대를 뜻해요. 아내에게는 남편이, 남편에게는 아내가 배우자예요. 부모나 자식, 형제자매와 같이 혈연관계거나 결혼한 사이 또는 입양이 아니고는 가족으로 인정받지 못해요. 가족으로 인정받지 못하면 여러 가지 제약이 따라요. 가장 대표적인 사례가 수술 동의예요. 20년 넘게 함께 살았어도 배우자가 아니면, 수술할 때 보호자로 인정받지 못해 수술 동의를 할 수 없어요. 법적 가족이 아니면 재산을 상속받지 못해요. 이외에도 법적 가족에 해당하지 않아 중요한 순간에 어떤 것도 할 수 없는 경우가 있답니다.

최근에는 결혼, 입양, 혈연관계를 넘어선 다양한 가족의 형태가 생겨나고 있어요. 10년 넘게 함께 살고 있는 민주 씨와 친구, 셰어하우스에서 함께 생활하는 서진 씨와 친구들처럼요. 하지만 지금은 가족으로 인정되지 않아 법적인 보호를 받지 못해요. 법이 변화하는 사회 모습을 충분히 반영하지 못한다는 뜻이죠.

이 문제를 해결하기 위해 여러 대안이 나왔어요. 2014년 한 국회의원은 다양한 가족 형태를 구성할 권리를 담은 '생활동반자법'을 만들자고

의견을 냈어요. 2021년 정부에서도 '배우자, 직계 혈족'으로 규정한 법적 가족의 범위를 확대하겠다고 발표하기도 했고요. 이제 생활과 관계 중심의 사람들도 가족으로 인정되어 가족 관련 복지 혜택과 보호를 받을 수 있는 날이 다가오고 있어요. 다양한 가족의 모습이 인정된다면, 누군가는 상처받지 않아요. 정상과 비정상의 경계를 허물고, 가족이라는 테두리를 넓혀 나가야 할 때지요.

  이제 다시 가족을 머릿속에 그려 보세요. 다양한 가족의 모습이 그려지나요? 국어사전 속 가족의 틀에 포함되지 않은, 새로운 가족 제도를 필요로 하는 사람들이 늘어나는 만큼 우리도 변화에 맞춰 발걸음을 옮겨야만 해요. 함께 살면서 서로 믿고 의지하는 관계가 되어 준다면, 그게 바로 가족 아니겠어요!

세상의 변화에 함께해요!

새로운 가족의 모습을 떠올리며 가족에 대한 새로운 정의를 내려 봐요.

가족이란 <u>나무</u> 다.

이유 왜냐하면 나를 지지해 주는 사람들이기 때문이다.

가족이란 _____ 다.

이유

✿ 화목한 우리 집을 위해 집안일을 어떻게 나누면 평등할지, 새로운 집안일 그래프를 계획해 보세요.

꽃에 물 주기				
설거지하기				
예시 할아버지	●		●	

내 외모가 어때서?

6월

6월이 되니 점차 옷차림이 얇고 가벼워졌어요.
옷이 얇아지는 여름이 되면 다이어트로 고민하는
사람들이 늘어나요. 인터넷이나 헬스장 광고지
등에서 다이어트, 미용 광고를 많이 보게 되고요.

여기저기서 외모에 관한 대화를 자주 듣다 보면 여름이 다가올수록 외모에 신경이 쓰여요.

도대체 외모가 뭐기에 많은 사람들의 이야깃거리가
되고, 사람을 판단하는 기준이 될까요?

외모 평가, 외모 강박, 그게 뭔데?

여러분은 이런 말들을 들어 본 적이 있나요? 생각한 적이 있거나 들어 본 말들에 체크해 보세요.

☐ 살을 빼기 위해 밥을 남기거나 식사량을 줄여 본 적이 있다.

☐ 자신의 외모(피부색, 키, 몸매, 얼굴 등)에 관한 별명을 들어 본 적 있다.

☐ 키가 안 클까 봐 걱정한 적이 있다.

☐ 성형수술을 하고 싶다고 생각한 적이 있다.

☐ 인터넷에서 화장법을 알려 주는 영상을 찾아본 적이 있다.

☐ 색조 화장품(틴트, BB크림 등)을 발라 본 적이 있다.

☐ 거울을 보며 외모에 대해 고민한 적이 있다.

☐ 외모가 마음에 들지 않은 상태에서는 외출하기 싫다.

☐ 다른 사람이 보기에 내 외모가 어떨지 신경 쓰인다.

표시한 항목이 몇 개인가요? 혹시 하나도 체크하지 않은 사람이 있나요? 만약 그런 사람이 있다면 이런 말을 해 주고 싶어요.

"축하합니다. 당신은 외모 스트레스로부터 자유롭군요!"

외모 평가는 모든 외적인 부분에 대한 평가를 말해요. 얼굴뿐만 아니라 다리, 가슴, 배 등 여러 신체 부위와 옷차림까지 포함하지요. 반 친구들 중 누가 예쁜지, 누가 잘생겼는지 생각해 본 적 있나요? 어떤 선생님이 제일 예쁘거나 잘생겼는지 친구들과 토론한 적은요? 이 모든 것이 외모 평가예요.

우리는 외모를 자주 평가하는 세상에서 살고 있어요. 친척이 모인 자리에서 조카를 보며 "얘가 어릴 땐 참 예뻤는데 크면서 못생겨졌어."라고 말하거나 자매를 비교하며 "언니는 이렇게 예쁜데 동생은 누굴 닮았을까?"라고 말하는 사람도 종종 있어요. 키가 크거나 눈, 코, 입이 또렷하고 얼굴이 작은 사람, 날씬한 사람은 주위 사람으로부터 예쁘다, 잘생겼다는 평가를 들어요. 이런 평가를 받은 사람은 그렇지 않은 사람에 비해 쉽게 호감과 인기를 얻기도 하지요. 반면에 살찐 친구를 '돼지', '뚱보'라고 부르기도 하고, 살이 찐 사람을 '게으르고 자기 관리를 못한다'고 비난하기도 하며, 배 나온 사람이 수영복을 입으면 비웃기도 해요.

이런 일을 겪은 사람은 외모를 계속 신경 쓰게 돼요. 내 키가 다른 사람보다 큰지 작은지, 내 피부가 밝은지 어두운지, 다른 사람이 보기에 내 외모가 매력 있는지, 살이 찌지는 않았는지 생각하게 되지요. 때로는 다른 사람의 외모가 어떤지 평가하기도 하고요.

그러다 보면 만족스럽지 않은 부분을 찾게 되고 이를 보완하려고 애쓰게 돼요. 외모에 대한 압박은 바로 이때부터 시작됩니다. 심해지면 외모 강박으로 이어지기도 해요. '강박'이란 어떤 생각에 사로잡혀서 심한 스트레스나 압박을 받는 상태를 뜻해요. 자신의 겉모습에 만족하지 못하여 끝없이 신경 쓰고 걱정하는 상태가 바로 외모 강박입니다.

 문제는 아름다움을 강요하는 사회

어떤 사람은 연예인의 외모를 기준으로 삼아 다이어트나 성형을 해요. 모델의 마른 몸과 자신의 몸을 비교하며 무리한 다이어트를 하거나 키를 크게 하려고 수술을 받기도 하고요. 급식을 티 안 나게 적게 먹는 법, 뼈만 남기고 살을 빼는 법 등을 SNS에 공유하거나 음식을 먹은 뒤에 토하는 일명 '먹토'를 하는 학생도 늘어나고 있어요. 건강보험심사평가원 통계에 따르면 십 대 여성 청소년 중 거식증이나 폭식증 등 음식을 먹는 데 어려움을 겪는 환자가 해마다 증가한다고 해요.

이런 현상은 마른 몸에 외모를 가꾸는 연예인이 문제가 아니에요. 아름다움이 중요하다고 여기는 사회 분위기가 문제지요. 한 여자 아이돌이 '살을 빼야 데뷔할 수 있다'는 말을 듣고 일주일 내내 얼음만 먹으며 살았다고 고백한 적이 있어요. 연예인은 다른 사람보다 외모 평가를 많이 받기 때문에 외모 스트레스를 더 자주 겪어요. 그래서 다이어트, 화장 등 많은 시간을 투자해 외모를 가꾸지요. 공을 들여 만든 연예인의 모습은 다시 아름다움의 기준이 되고요. 사람들은 그런 연예인의 모습을 기준으로 다시 외모 평가를 하고 외모를 가꾸어야 한다는 압박을 받으며 악순환이 반복돼요.

다이어트 때문에 병에 걸린다고요?

외모 강박에 시달리는 사람들은 마음의 병이 생겨 몸 건강에까지 영향을 미치게 돼요. 바로 거식증과 폭식증이 대표적이라고 할 수 있어요.

거식증은 체중과 몸매에 대한 강박적 관심과 체중 증가에 대한 지나친 불안 때문에 음식을 거절하는 증세예요. 음식을 과도하게 먹은 뒤 구토나 설사를 통해 원하지 않는 칼로리를 배출하거나 지나치게 굶고 운동하는 등의 특성을 보입니다.

폭식증은 체중과 몸매에 대해 지나치게 걱정하며 음식을 일정 시간 동안 과다하게 섭취한 뒤, 스스로 구토하거나 설사하는 행동을 반복하는 증세예요. 거식증 환자와 같은 증세를 보이지만 저체중이 아닌 경우 폭식증으로 진단해요. 음식을 과도하게 먹는 동안 스스로를 통제하지 못하지만, 그 후 체중 증가에 대한 지나친 걱정으로 구토, 설사를 반복하지요.

거식증과 폭식증 모두 몸 건강을 심각하게 해칠 뿐만 아니라 심하면 목숨까지 위협하는 마음의 병이에요. 마른 몸을 예쁘다고 칭송하는 사회가 만든 병이지요. 이런 극단적인 다이어트는 탈모, 영양 결핍, 치아 부식을 가져올 수 있고 심장병, 간 손상 등 심각한 질환의 원인이 되기도 해요.

외모 압박이 나와 다른 누군가의 건강에 어떤 영향을 미칠 수 있는지 신중하게 생각해 봐야 해요. 만약 나 또한 외모 강박을 겪고 있다는 생각이 든다면 혼자 해결하기보다는 꼭 주변 사람에게 도움을 요청해 보세요.

 꾸미지 않는 여자, 게으르다고?

　외모 평가는 여성과 남성 모두 겪는 문제지만 외모에 대한 압박은 남성보다 여성이 좀 더 많이 겪어요. '예쁘면 다 용서된다', '여자의 아름다움은 권력이다'라는 말처럼 여성에게는 아름다움이 제일 중요한 가치라고 여기기 때문이에요. 또 여성의 외모를 평가하는 기준이 남성보다 훨씬 다양한 것도 원인이에요. 머릿결, 피부 상태, 피부색, 눈, 코, 치아, 손톱, 가슴, 허리 등 정말 수없이 많은 기준으로 여성의 외모를 평가하니 신경 쓸 것이 한둘이 아니지요.

　꾸미지 않는 여성에 대해 "좀 꾸미고 다녀.", "화장하고 다니면 더 나을 텐데."라고 간섭하거나 화장하지 않은 얼굴을 보며 "틴트라도 좀 발라."라며 강요하는 사람들이 있어요. '화장은 예의'라는 말이 있을 정도로 화장하지 않은 여성을 '자기 관리를 안 하는 사람'이라고 생각하기도 해요. 그래서 아름다워지기 위해라기보다는 의무적으로 화장을 해야 한다는 분위기가 만들어지고, 화장하지 않으면 부끄러워서 외출할 수 없다고 생각하는 여성도 생겨나요.

　이렇게 외모를 '자기 관리'라고 보는 시선 역시 외모를 중요하게 여기는 사회 분위기에 원인이 있어요. 외모로 좋은 평가를 받는 것이 중요하니 관리를 해야 하고, 그런 노력을 하지 않는 사람은 게으른 사람이 되죠. 다양한 외모 평가 기준을 두고 그 기준에 도달하기 위해 노력하도록 만

사내자식이 웬 화장이야
게이 같아
틴트라도 바르지
쌩얼 매너 좀
여자도 아닌데 왜 귀 뚫어?
살 빼면 예쁠 텐데
옷이 그게 뭐냐
좀 꾸미고 다녀

드는 거예요.

    항공사나 면세점을 비롯한 몇몇 기업에서는 회사에서 지시한 대로 화장을 꼭 해야 해요. 규정대로 화장하지 않으면 직장에서 해고될 수 있어요. 승무원은 기내에서 승객의 안전을 책임지는 안전 요원이에요. 그런데 왜 안전 요원이 꼭 화장을 해야 하고, 그것도 정해진 규정대로 화장해야 할까요? 다른 일반 기업도 여성 사원에게만 화장이나 옷차림 규정을 따로 두는 경우가 있어요. 이처럼 여성은 업무 능력 외에도 외모를 가꾸는 것으로 자신의 전문성을 증명해야 하는 상황에 처하기도 합니다.

    어떤 사람들은 외모에 대한 압박 때문이 아니라 자기만족을 위해 다이어트, 화장, 성형수술 등을 선택했다고 말해요. 하지만 이렇게 외모를 중요하게 여기는 사회에서 꾸밈이 정말 스스로 선택한 일이 될 수 있을지 생각해 볼 필요가 있어요. 정말로 내가 원해서인지, 사회에 내가 원하는 것을 맞췄는지 말이에요.

남자는 외모 압박이 없을까?

    여성이 느끼는 외모 압박에 대해 알아봤으니 이번엔 남성의 경우를 생각해 봐요. 남성이 외모에 대한 압박을 느끼는 이유 중 1위는 아마 '키'일 거예요. 남성의 외모는 주로 키를 기준으로 평가받을 때가 많아요. 키를 크게 하려고 성장 호르몬 주사를 맞거나 수술을 받는 등 남학생이 키로 받는 외모 스트레스는 꽤 크지요. 키 외에도 어깨너비, 몸에 근육이 잡혔는지 등 여러 기준으로 남성의 외모 또한 평가받아요.

화장이나 꾸밈에 대해서는 어떨까요? 여성이 느끼는 압박과는 다르지만 남성 또한 사회적인 압박을 받아요.

남성은 화장을 하지 않는다고 비난받거나 전문성을 의심받지는 않아요. 오히려 색조 화장을 하거나 귀걸이 등으로 꾸몄을 때 부정적인 시선을 받아요. 심할 경우 '징그럽다'는 비난을 듣기도 하고요. 여성과는 반대로 '꾸밀 자유'가 없지요.

자신의 외모를 가꾸고 싶은 마음은 성별에 따라 다르지 않아요. 어떤 사람은 꾸미고 싶어 하지만 어떤 사람은 그렇지 않지요. 그런데 어떤 성별은 꾸미지 않았을 때 차별받고, 어떤 성별은 꾸몄을 때 차별받아요. 이 차이는 '여자는 예뻐야 한다', '남자가 외모를 너무 가꾸면 좋지 않다', '남자는 외모보다 능력이 중요하다', '남자는 키가 커야 한다'처럼 성별에 따라 다른 고정관념의 영향을 받기 때문이에요.

남성은 여성보다 외모 평가 기준이 적어 외모 압박을 덜 받지만, 그렇다고 아예 없는 건 아니에요. 키에 대한 압박과 꾸미고 싶어도 참아야 하는 압박을 받으니까요. 결국 똑같이 외모를 중시하는 사회에 살아도 성별에 따른 고정관념이 다르기 때문에 남성과 여성이 느끼는 외모에 대한 압박도 다르기 마련입니다.

 우리에겐 아름다울 의무가 없어요

　화장품 브랜드 도브(Dove)에서 흥미로운 캠페인을 한 적이 있어요. 첫 번째는 일곱 명의 여성이 몽타주(여러 사람의 얼굴 사진에서 각 부분을 따로 떼어 내 한 사람의 얼굴을 그리는 것.) 전문가에게 자신의 외모를 설명하고 전문가는 이를 그림으로 그리게 했어요. 두 번째는 다른 사람의 외모를 서로 설명하고 전문가는 다시 그림을 그려요. 그 결과 첫 번째 그림보다 두 번째 그림의 모습이 훨씬 아름답고 실제 본인의 모습과 더 비슷하게 나왔어요. 도브는 이 캠페인을 통해 여성이 자신의 외모를 실제보다 더 낮게 평가한다는 사실을 지적하며 '당신은 당신이 생각하는 것보다 더 아름답다(You are more beautiful than you think)'는 메시지를 전달했어요.

　아름다워야 한다는 강박관념 때문에 자신을 괴롭히는 사람들이 많아요. 혹시 나도 그런 사람 중 하나가 아닌지 곰곰이 생각해 봐요. 살찔까 봐 식사를 거르거나 이마가 마음에 들지 않아서 앞머리로 가리는 등 내 외모의 단점에만 몰두하며 지내 오진 않았는지, '못생겼다'는 평가를 듣지 않기 위해 애쓰느라 자신이 가진 다른 장점을 잊고 있진 않은지 말이죠. 우리는 자신이 얼마나 멋진 사람인지 쉽게 잊곤 하거든요.

당신은 당신이 생각하는 것보다 더 아름답다.

그런데 이 말, 좀 더 비판적으로 생각해 볼 필요가 있어요. 왜 꼭 아름다워야만 할까요? '아름답다'는 말 자체가 외모에 대한 평가가 될 수 있어요. 칭찬처럼 들리지만 결국 내 외모에 대해 다른 사람이 판단하고 한 말이니까요.

만약 내 외모가 아름답지 않다면 나는 가치 없는 사람일까요? 그렇지 않아요. 외모가 사람의 가치를 결정할 수는 없어요. 그러나 '아름답다'는 말은 외모를 중요한 가치로 느끼게 만들기도 해요. 그러니 이제는 아름다움에 관한 집착을 잠시 내려놓고 한번 되물어 봅시다.

"우리는 왜 아름다워야 하나요?"

최근에는 화장, 다이어트, 꾸미기 등을 하지 않겠다고 하는 여성이 조금씩 늘고 있어요. 자신의 모습을 있는 그대로, 긍정적으로 받아들이기 위해서지요. 여자는 예뻐야 한다는 고정관념과 사회가 요구하는 외모에 대한 기준을 거부하고, 외모 압박에서 벗어나 조금 더 자신을 사랑하기 위한 실천의 시작이에요.

누군가 여러분을 뚱뚱하다고 놀린다면 그건 뚱뚱한 여러분의 잘못이 아니라 남의 신체를 비웃은 사람이 잘못한 일이에요. 그 누구도 다른 사람 마음에 드는 외모를 가져야 할 필요가 없어요. 어느 누구도 다른 사람의 외모를 평가할 권리를 갖지 않아요.

물론 일상에서 이런 말을 들었을 때 "이건 내 잘못이 아니야. 내 외모를 평가하는 저 사람이 잘못한 거야."라고 생각하긴 쉽지 않아요. 외모로

놀림받으면 쉽게 위축되고 놀림받은 외모를 감추고 싶은 마음이 들기 마련이잖아요. 하지만 다른 사람의 외모 평가 때문에 자신을 사랑하지 못한다면 좀 억울하지 않을까요?

여러분에게는 외모를 가꾸어야 할 의무가 없어요. 오직 자신을 사랑해 줘야 할 의무만 있지요. 꼭 기억하세요! 여러분은 다른 사람의 마음에 들기 위해 외모를 바꾸지 않아도 됩니다.

 제 외모에 신경 끄시죠!

외모에 집착하지 않겠다고 마음먹어도 주변에서 여전히 내 외모를 평가하면 노력을 지속하기 어려워요. 가장 좋은 건 외모 평가가 없는 사회 분위기를 만드는 거예요. 외모 평가가 줄어든다면 개인이 느끼는 외모 스트레스도 함께 줄어들 테니까요. 언제, 어디서나 내가 원하는 모습으로 편하게 생활할 수 있다면 정말 좋겠죠? 다른 사람의 외모를 평가하지 않는 분위기가 만들어지면 이런 일들을 좀 더 편하게 할 수 있어요.

우선 내 주변부터 조금씩 바꾸어 봐요. 오늘부터 주위 사람과 '하루 동안 외모에 대한 말 안 하기'에 도전해 보세요. 처음에는 생각보다 쉽지 않아요. 하지만 계속 노력하다 보면 우리가 얼마나 외모에 대해 많이 얘기하는지 깨닫게 돼요. 이렇게 내 주변부터 외모 평가를 줄이기 위해 조금씩 노력한다면 오히려 외모 스트레스가 줄어들고 마음이 편해진답니다.

나 혼자 바뀐다고 당장 세상이 바뀌지는 않아요. 하지만 이렇게 세상을 바꾸기 위한 노력에 동참하는 사람이 하나둘씩 늘어난다면 점차 '외모 평가는 예의에 어긋난다.', '우리는 어떤 모습이라도 괜찮다.'는 인식이 자리 잡게 돼요. 외모 평가가 줄어든다면 외모에 신경 쓰고 거울 앞에서 고민하는 일도 줄어들겠지요. 거울 앞에서 시간을 쏟지 않기 위한 실천에 여러분도 함께하면 어떨까요?

주변 친구 중 한 명을 떠올리며 친구의 칭찬 일기를 써 봅시다. 단, 외모 평가와 관련된 말은 하나도 쓰지 않는 거예요. 다 쓰고 난 후 친구에게 직접 칭찬을 들려주면 더 좋겠지요?

_____
_____
_____
_____
_____
_____
_____
_____
_____
_____

예쁘다는 칭찬도 평가라고요?

"오늘 정말 예쁘다."

들으면 기분 좋은 칭찬이죠? 하지만 이런 칭찬을 계속 듣다 보면 '다음에도 이렇게 꾸며야겠구나.', '꾸미지 않으면 별로인가?'라는 생각이 들고 계속해서 외모를 가꾸어야 할 것 같은 마음이 생겨요. 그러다 다음에 예쁘다는 소리를 듣지 않으면 '오늘은 별로인가?'라는 생각도 들고요. 겉으로 보기엔 칭찬이지만 그 말을 듣는 사람에게는 또 다른 평가가 되는 셈이에요.

또 이 말을 옆에서 들은 다른 사람은 '저렇게 해야 예쁘구나.', '예쁘면 저런 칭찬과 관심을 받는구나.'라고 생각하거나 자신의 외모를 다른 사람과 비교할 수 있어요. 그러면 그 사람도 외모를 가꾸어야 한다는 압박을 받을 수 있겠지요? 그래서 외모에 대한 칭찬도 될 수 있으면 피하는 것이 좋아요. 외모에 대한 칭찬보다는 그 사람의 다른 장점을 찾아 칭찬하려고 노력해 보면 어떨까요?

그들만의 리그를 넘어서

7월

MON TUES WED THURS FRI SAT SUN
준비운동 끝!
나도 같이 축구…
안 돼! 여자는 못해서 싫어.
패스! 여기, 여기!
…
누가 못한대?

사람마다 성격과 외모가 다르듯이 좋아하는 운동도
달라요. 몸 쓰는 것을 즐기는 친구도 있지만, 운동을 아예
싫어하는 친구도 있지요. 그런데 운동의 종류에 따라
운동에 관심과 소질이 있는데도 불구하고

'이것' 때문에 그 운동을
할 수 없다면요.

참여할 수 있는 사람이 정해져 있다면 어떻겠어요?
말도 안 된다고 하겠지만 지금부터 할 이야기가
바로 스포츠에서 찾은 성 고정관념 이야기랍니다.

내 머릿속의 축구 선수

 여러분 또래의 학생에게 '발레 선생님이 축구하는 아이를 혼내는 장면'을 그려 보라고 했어요. 어떻게 그렸을까요?

 질문에서 성별을 정해 주지 않았지만 대부분 축구하는 남자아이와 여자 발레 선생님을 그렸어요. 참 이상하죠? 남자가 공을 차고 여자가 발레를 하는 건 자연스럽지만 여자가 공을 차고 남자가 발레를 하는 건 낯설게 느껴져요. 여자 축구 선수와 발레 하는 남자 무용수 발레리노가 있는 것도 알고, 가끔 TV에서 보는데도 말이에요. 심지어 '여자가 공을 왜 차?'

라며 부정적으로 생각하기도 해요. 남자 운동, 여자 운동은 정해져 있지 않은데 왜 이런 생각을 할까요?

240 vs 17. 이 숫자는 한국 초등학교 축구팀의 개수입니다. 남자 축구팀은 전국에 240개 있지만, 여자 축구팀은 17개에 불과해요. 농구, 배구 등 대부분의 스포츠 팀도 차이는 마찬가지예요. 초등학교 1~2학년 때는 성별에 상관없이 운동장에서 같이 뛰어놀던 여학생도 많았어요. 그렇지만 학년이 올라갈수록 찾아보기 어려워요. 태권도 도장에서도 마찬가지예요.

왜 여학생은 학년이 올라갈수록 운동과 거리가 멀어질까요? 바로 '여자와 남자는 다르다'는 생각이 운동을 대하는 태도에도 영향을 준 건 아닐까요? 이렇게 어릴 때부터 운동에 참여하는 횟수가 적은 여자는 성인이 되어서도 쉽게 운동을 즐기지 못해요. 성장 과정에서 자연스럽게 즐기지 않게 된 여자를 보며, 사람들은 "여자는 운동에 소질이나 취미가 없어."라는 고정관념에 확신을 갖죠. 결국 운동을 자주 접하지 못한 여자의 경험은 '여자는 운동을 안 좋아해'라는 고정관념을 만들고, 그 고정관념은 여자가 운동을 접할 기회를 빼앗아 가요. 그리고 계속 반복됩니다. 그러면서 운동과 스포츠는 '누구나'가 아닌 '사나이'들의 것이 되어 가요. 다행스럽게도 운동과 멀어진 거리를 좁히기 위해 노력하는 여자들이 늘고 있어요. 이로써 단단하게 굳어 버린 고정관념이 점점 깨지고 있답니다.

 **스포츠에서도 성별이 중요해요?**

　박지성, 손흥민, 이강인, 이승우, 이들이 누군지 아나요? 아마 익숙한 이름일 거예요. 이들은 한국을 대표하는 축구 선수예요. 그럼 지소연, 이금민, 조소현, 전가을 선수는 들어 봤나요? 이들도 한국을 대표하는 축구 선수입니다. 잉글랜드 해외 리그에서 멋지게 활약하는 선수들이죠. 축구뿐만이 아니에요. 미국 여자 농구 리그 WNBA에서 활약한 박지수, 세계 최고의 배구 선수 김연경, 국제 스포츠클라이밍 최다 우승자 김자인까지 매우 많은 선수들이 세계에서 활약하고 있어요. 이렇게 다양한 스포츠 영역에서 성별 구분 없이 활동하지만, 여성과 스포츠가 멀다는 일반적인 생각 때문인지 여자 스포츠 선수가 조명받기는 정말 어려워요.

　심지어 과거에는 여자가 스포츠에 참여조차 할 수 없었어요. 마라톤은 고대부터 이어졌지만, 여자가 참가하게 된 것은 100년도 채 되지 않아요. 아주 오래전부터 스포츠를 남자만의 것으로 여겨 왔다는 사실이 놀랍지 않나요? 마라톤은 어떤 장비도 필요 없는 운동이지만, 남자라는 성별만은 필요했던 모양입니다. 마라톤을 하기에 여자의 체력이 부족했던 게 아니에요. 당시 사람들은 여자가 마라톤을 하면 다리가 굵어져 여자답지 않다고 생각했어요. 게다가 오래 뛰면 자궁이 떨어진다며 반대했어요. 황당한 말이죠. 분명 여자도 아무 문제 없이 마라톤을 할 수 있었지만, 당시 사회를 주도하던 남자들은 얼토당토않은 말로 여자들의 운동

기회를 막았답니다.

그러다 1967년, 역사적인 사건이 일어났어요. 보스턴 마라톤에 참가한 캐스린 스위처 때문이에요. 캐스린은 마라톤에 참가하기 위해 성별을 숨겼어요. 경기 중에 캐스린이 여자인 걸 알게 된 대회 관계자는 그의 번호표를 뜯으며 뛰지 못하게 하려 했어요. 방해를 무릅쓰고 4시간 20분 동안 열심히 달려 완주했지만, 캐스린은 기록을 인정받지 못했어요. 정식 선수가 아니라는 이유 때문이었죠. 이후 여성도 운동할 수 있다는 인식의 변화가 시작되었고, 1971년부터 여성에게 마라톤 대회에 참가할 수 있는 자격이 주어졌어요. 캐스린 스위처가 인터뷰에서 한 말이 있어요.

"신체적이든 정신적이든 당신의 능력을 낮게 평가하지 마세요. 다른 사람보다 한 발짝 앞서 나간다면 불가능을 넘어설 수 있습니다."

학교에서의 체육 시간은 어떤가요. 여자가 남자들 사이에서 축구를 하면 "여자치고 공을 잘 차네.", "여자는 빠져.", "걸리적거려. 제대로 하지도 못하잖아!"라는 말을 듣기 십상이에요. 아직도 공을 차는 건 남자의 영역이라고 판단하기 때문이에요. 축구에서 여자가 할 수 있는 역할이 별로 없다고 생각하기 때문에 팀원으로 인정할 수 없다는 뜻이죠. 그런데 중요한 건 여자라서 할 수 없는 운동은 없어요. 사람마다 근육량과 성장 속도가 다르니 정도의 차이만 존재할 뿐이에요. 차이가 차별로 이어지면 안 돼요. 여러분의 가능성을 가로막는 게 고작 성별이라면, 그 벽을 뛰어넘기 위한 첫발을 내딛어야 합니다.

경기장 밖의 페어플레이

공정한 경기를 위한 페어플레이 정신은 모든 스포츠의 기본이에요. 경기장 안에서뿐만 아니라 그 주변 환경도 페어플레이가 이어져야 해요. 만약 선수의 가치를 실력보다 성별로 평가한다면 공정하다고 할 수 없어요. 멋진 선수가 되기 위해 흘리는 땀의 무게는 성별의 차이가 없으니까요. 그런데 정말 모든 스포츠에서 페어플레이 정신을 지키고 있을까요?

한국 프로스포츠에서 인기가 많은 종목은 단연 여자 배구예요. 국민 스포츠라고 불리는 프로야구만큼이나 높은 관심을 받고 있지요. 국제 대회에서 좋은 성적을 거두고, 선수의 실력도 좋아지면서 자연스럽게 경기장을 찾는 사람도 늘어났어요. 그런데 나날이 발전하는 여자 배구와는 달리 여자 배구를 뒷받침하는 환경은 아직 바뀌지 못했어요.

2020년 기준으로 한국 남자 배구 샐러리캡은 31억 원이고, 여자 배구는 23억 원이에요. 샐러리캡이란 월급의 뜻을 가진 샐러리(Salary)와 모자의 뜻을 가진 캡(Cap)을 합친 말이에요. 머리에 모자를 씌우듯 한 팀이 선수들에게 줄 수 있는 연봉의 총액을 정해 놓은 제도죠. 그런데 서로 다른 샐러리캡 때문에 평균적으로 여자 선수가 남자 선수보다 연봉을 더 적게 받아요. 경기 시청률도 높고, 경기장 관중 수도 많고, 실력도 좋은데 왜 여자 선수의 연봉이 적을까요? 성별의 영향이라고 생각할 수밖에 없어요.

이런 차별 속에서도 김연경, 양효진, 김수지와 같은 멋진 배구 선수도 많고, 올림픽 본선 출전권을 연속으로 따내기도 했어요. 선수의 노력에 평등한 제도가 더해진다면 여자 배구는 더 발전할 수 있답니다.

연봉과 상금 차별은 많은 스포츠에서 찾아볼 수 있어요. 우승 상금은 얼마나 차이가 날까요? 축구에서는 남자와 여자 월드컵 우승 상금이 무려 10배 차이가 나고, 골프에서 우승 상금은 여자가 남자의 절반 혹은 3분의 1에 그치는 경우가 많아요. 똑같은 크기의 경기장에서 똑같은 규칙으로 경기를 하는데 말이죠.

그렇다면 성별에 따른 상금 차별을 고스란히 받아들여야 할까요? 테니스 선수들은 그러지 않았어요. 테니스가 인기 있는 이유 중 하나는 1970년대부터 평등을 위해 노력했기 때문이에요. 여자 테니스 랭킹 1위인 빌리 진 킹은 남자 선수와 같은 성과를 냈는데도 터무니없이 적은 상금을 이해할 수 없었어요. 이 문제를 사람들에게 알리기 위해 남자 랭킹 1위였던 바비 릭스와 대결을 펼쳐 결국 빌리가 이겼죠. 이 대결로 스포츠에서 성평등을 이루기 위한 치열한 고민이 시작되었고, 결국 테니스 협회는 대회 우승 상금을 여자와 남자 모두 똑같이 지급하게 되었어요. 페어플레이 정신이 코트 밖으로까지 이어진 순간이에요. 이제는 모든 스포츠가 서로를 이해하고 차별을 없애려는 노력을 해야 해요.

운동 못하는 남자가 어때서!

여자라는 이유로 제한하고 차별했던 스포츠의 모습을 살펴봤어요. 그렇다고 모든 남자가 혜택을 누려 온 건 아니에요. 운동에 관심이 없거나, 힘이 약해 운동을 잘하지 못하는 남자는 남자답지 못하다고 놀림받았어요. '남자는 운동을 잘해야 하고 좋아해야 한다.'는 고정관념 때문이에요. 그래서 어릴 때부터 남자다운 모습을 갖추기 위해 여러 운동을 배우기도 하죠. 고정관념은 생각의 틀을 가두는 박스라고 했어요. 남자를 향한 고정관념, 좀 더 살펴볼게요.

아래의 빈칸에 들어갈 말로 적당하지 않은 것을 골라 보세요. 많은 사람이 2번을 고를 거예요. 나머지는 남자아이가 자라면서 종종 듣는 말이라 익숙할 테니까요.

남자가 돼서 _____
① 울지 마. ② 좀 꾸미고 다녀.
③ 맞고 다니지 마. ④ 약한 소리 하지 마.

남자다움에 대한 고정관념을 '맨박스(Manbox)'라고 표현해요. 말 그대로 남자다움을 키워 내는 상자, 남자답게 행동하도록 가두는 상자죠. 불

같이 화를 내거나 소리를 지를 때, 누군가에게 짓궂게 굴었을 때, 나를 때린 상대를 똑같이 때렸을 때도 사람들은 종종 "그럴 수도 있지, 남자애니까."라고 말해요.

남자가 강요받는 것은 행동뿐만이 아니에요. 감정 또한 남자답게 표현하길 바라죠. 화가 나거나 분노를 느낄 때는 과감히 드러내야 해요. 내게 잘못을 저지른 상대방을 이해하거나 쉽게 용서해서는 안 돼요. 반대로 슬프거나 기쁜 상황에서는 감정을 쉽게 드러내서는 안 돼요. 남자다워야 하니까요. 우리 머릿속에 자리 잡은 '남자다움'의 힘은 매우 강력해요. 어떤 남자아이가 남자다움에서 멀어지면 곁에서 한마디씩 하곤 하죠.

세상의 절반은 남자고, 모든 남자가 '남자다움' 이미지를 갖고 있을 순 없어요. 그럴 필요도 없고요. 많은 남자들이 주변의 말에 속상해하고 알게 모르게 상처를 받지만, 티를 내지 않고 웃어넘기곤 해요. 이것도 남자다움이니까요. 티를 냈다가는 이런 말이 돌아올지도 몰라요. "남자가 쪼잔하게 뭐 이런 걸 가지고 그러냐?" 각자의 관점이나 생각은 개인적인 영역이고 스스로 결정했다고 생각할 수 있지만, 개인의 생각은 사회의 영향을 받아요. 이런 사회에서 '남자답다'를 강요받지 않고 완전히 자유로울 사람은 많지 않아요. 결국 내 모습은 남자라면 이래야 한다는 조건에 가려지죠.

나쁜 녀석들의 경계

원했든, 원하지 않았든 내가 습득한 남자다움에는 차별적이고 폭력적인 그림자가 깔려 있어요. 자칫하면 나쁜 녀석이 될 수 있어요.

먼저 남자는 가족을 책임지고 이끌어야 한다고 생각해요. 가장*이라는 말처럼요. 그래서 좋은 직업을 얻고, 돈을 많이 벌기 위해 공부한다는 친구도 있어요. 좋은 직업과 돈은 성공한 남자의 기준이 되었어요. '성공한 남자'에게는 '예쁜 여자'도 따라온다고 생각하기도 해요. 얼마 전까지 "10분만 더 공부하면 아내의 얼굴이 바뀐다."는 말을 급훈으로 정한 교실도 있었어요. 남자가 여자를 선택할 수 있다는 생각을 드러내는 표현이에요. 남자가 중심인 사회에서 여자를 물건처럼 취급한 증거죠. 이런 문화에 익숙해지면 자연스럽게 나쁜 녀석의 경계를 넘어설 수 있어요.

가족을 이끈다고 생각하는 남자 중에는 가정 내에서 생기는 문제에 다소 거친 방식으로 대처하는 사람도 있어요. 배우자와 의견이 맞지 않을 때, 자신의 말을 무시하거나 명령을 거부한다고 생각해서 큰 소리를 지르기도 하고 심하면 때리기도 하는 나쁜 녀석의 모습을 보이기도 해요. 2017~2018년에 일어난 가정 폭력 사건을 분석해 보니 가해자 중 남성

> **가장(家長)**
> 대부분 가정에서 경제 활동을 통해 가족을 부양하는 남성을 가장으로 생각해요. 그러나 가장은 한 가정을 이끌어 나가는 사람을 말해요. 그러니 성별 구분 없이 누구나 가장의 역할을 할 수 있어요.

비율이 84%나 되었어요. 가해 남성 중 83.6%는 일방적으로 폭력을 썼고요. 여성은 반항하지 못한 채 폭력을 당하고 신고조차 못 할 때도 있어요. 남자가 힘을 사용해 문제를 해결하거나 감정을 표현하는 것이 '남자다운 모습'이라고 은연중에 배워 왔기 때문이에요. 그러니 이러한 모습이 가족 혹은 사회 속에서 드러나게 돼요.

　여성을 대하는 태도뿐만 아니라 성을 바라보는 남자들의 태도에도 문제가 많아요. 야한 동영상을 찾아보고 공유하거나 성적 농담을 아무렇지 않게 하는 건 '남자이기 때문에'라는 말로 넘어가죠. 그러다 보니 화장실에 불법 카메라를 설치하거나 여자의 치마 속을 찍는 디지털 성범죄, 상대방의 동의 없이 신체를 접촉하는 성추행을 저지르는 나쁜 녀석이 되기도 해요. 남성에게도 피해를 주고요. 그러니 하루라도 빨리 맨박스에서 벗어나려는 노력을 해야 해요. '남자다움' 뒤에 숨었을지 모르는 '나쁜 녀석들'의 모습은 생각지도 못한 곳에서 튀어나올 수 있으니까요. 그러므로 나쁜 녀석이 되지 않기 위해 스스로 경계하려는 태도가 필요해요.

무엇보다 여성을 남성과 동등한 위치에서 바라보는 사회 문화를 만들어 가야 해요. 모든 행동에 '존중'이 우선된다면 상대를 평가할 일도, 무시할 일도 없고, 자연스럽게 신체적인 안전과 정신적인 안정이 보장되죠.

또 존중하는 마음이 있다면 다른 이의 목소리에도 귀 기울일 수 있어요. 그러다 보면 우리가 처한 현실 문제에 공감하고 잘못된 사회 인식을 함께 바꿔 나갈 수 있어요.

'나는 나쁜 녀석들과는 달라!', '나만 안 그러면 되지.'라는 생각으로 여성을 대상으로 한 폭력과 관련 없다고 말해서는 안 돼요. 잘못된 남성 문화를 바꾸려고 적극적으로 노력하지 않는다면 우리도 피해자를 만들어 내는 데 동참한 셈이니까요. 이 또한 나쁜 녀석들의 행동으로 볼 수 있죠. 폭력적이고 나쁜 행동을 해서는 안 된다고, 잘못된 것은 잘못됐다고 말해야 해요. 처음엔 어렵겠지만 누구나 침묵이 아닌 거부, 경고의 메시지를 보내는 일을 해낼 수 있어요.

스포츠에서 성평등을 이끌어 낸 마라톤 선수 캐스린, 기억하나요? 캐스린이 마라톤에서 완주할 수 있었던 데는 남자 친구의 도움이 있었어요. 경기 감독관이 캐스린을 잡아채려고 하자 그는 몸으로 막아섰어요. 캐스린을 존중했기 때문에 캐스린이 끝까지 뛸 수 있게 도와주겠다는 마음을 가졌고, 남성 위주의 잘못된 문화를 깨기 위해 침묵이 아니라 옆에서 같이 뛰었어요. 여러분 주변에는 수많은 캐스린이 있어요. 여러분도 캐스린의 남자 친구처럼 서로의 조력자가 되어 함께 나아가야 해요. 여자와 남자가 동등하게 참여할 수 있는 환경 속에서 펼치는 경기가 진정한 승부니까요.

아직 끝나지 않은 전쟁

8월

8월 15일 광복절을 모르는 사람은 없을 거예요. 제2차 세계대전이 끝나고, 일본이 항복하면서 대한민국이 독립이라는 빛을 되찾은 날이죠. 그럼 광복절 하루 전인 8월 14일은 어떤 날일까요? 달력에도 잘 표시되어 있지 않아요. 하지만 우리가 꼭 기억해야 하는 날이죠.

이날은 〈일본군 '위안부' 피해자 기림의 날〉이에요.

전쟁의 수많은 피해자 가운데 왜 '위안부'를 기리는 날이 생겼을까요? 우리가 모르는 또 다른 역사가 숨어 있는 건 아닌지, 정말 광복을 통해 모든 사람이 빛을 되찾았을까요?

 소녀는 오늘도 그 자리에 앉아 있다

일본은 전 세계를 상대로 전쟁을 하면서 한국 사람을 전쟁의 도구로 사용했어요. 그중에는 십 대 소녀도 있었어요. 소녀들을 강제로 끌고 가 전쟁 군인을 '위안'하라며 강간하고 고문했지요. 강간은 상대방의 동의 없이 강제로 성기를 삽입하거나 성적으로 폭력을 가하는 행위예요. 어린 소녀들은 그들이 만들어 놓은 위안소에서 성노예와 같은 삶을 견뎌야 했어요. 지옥 같은 그곳에서 벗어나기 위해 도망가다 죽는 경우도 많았어요. 한국뿐만 아니라 대만, 중국, 필리핀, 인도네시아, 동티모르 등 일본에 점령당한 나라의 여성이 일본군 '위안부'로 끌려갔어요. 일본 정부가 직접 관리한 끔찍한 범죄는 몇 년 동안이나 계속 이어졌어요.

전쟁이 끝난 후 피해자들이 집으로 돌아왔지만, 이 문제를 말하는 사람은 아무도 없었어요. 오히려 피해 사실을 수치스럽다고 여겨 말하지 못하는 분위기였어요. 해방된 이후로도 45년이 넘는 오랜 시간 동안, 피해자는 자신이 이런 피해를 입었다고 말하지 못했어요.

그러다 1991년 8월 14일, 고(故) 김학순 할머니가 자신이 일본군 위안부 피해자라는 용기 있는 증언으로 세상에 알려졌답니다. '위안부'의 영문 명칭은 'Comfort Women'인데, 해석하면 일본군을 편안하게 하는 여성이에요. 일본군이 자신의 범죄 사실을 축소하기 위해 사용하는 단어이기 때문에 공식적으로는 '일본군 성노예제 피해자(enforced sex slaves)'라고 불러야 해요.

　혹시 공원이나 거리에서 짧은 단발머리를 한 채 의자에 앉아 있는 소녀 동상을 본 적이 있나요? 이 평화의 소녀상은 일본군 성노예 문제를 잊지 않고, 이와 같은 비극이 다시는 생기지 않았으면 하는 소망을 담아 만들어졌어요. 한국은 물론 일본, 중국, 미국, 호주 등 세계 각지에 세워져 인권과 평화를 일깨우고 있지요. 특히 옛 일본 대사관 앞에 세워진 소녀상은 작은 의자에 앉아 대사관 건물을 바라보고 있어요. 두 손은 움켜쥐고요. 책임을 피하고 있는 일본 정부에 맞서는 분노이자, 우리 세대가 함

께하겠다는 다짐의 상징이기도 해요.

이 소녀상이 세워진 일본 대사관 앞에서는 1992년 1월 8일부터 매주 수요일에 수요시위가 열려요. 사실 자체를 인정하지 않고 제대로 된 사과 한마디 없는 일본 정부를 향해 범죄 사실을 인정하고, 진실을 말하고, 공식적으로 사과하고, 범죄자를 처벌하라고 요구하는 의사 표시예요. 수많은 시민 단체와 일반 시민의 참여 속에 벌써 29년째 계속되고 있어요. 잘못된 과거를 바로잡아야 더 나은 미래를 꿈꿀 수 있으니까요.

 이 순간에도 계속되는 전쟁과 성폭력

일본군 성노예제 피해자와 같은, 전쟁 중 강간과 성폭력에 의한 피해는 과거의 일일 뿐일까요? 우리 주변만 보면 전쟁 없는 평화로운 시대를 살고 있는 듯 보일 수도 있어요. 하지만 이 순간에도 세계 곳곳에서는 분쟁과 전쟁이 끊이지 않고 있어요.

'전쟁' 하면 어떤 장면이 떠오르나요? 총과 칼로 무장한 군인과 폭격에 쓰일 무시무시한 장비, 피를 흘리며 격렬하게 싸우는 현장. 이런 장면에서는 남자 군인들끼리 싸우는 모습만 떠올리기 쉬워요. 하지만 전쟁 중 폭력으로 가장 큰 피해를 입는 사람들 중 하나는 바로 여성입니다. 전쟁의 도구로 총과 칼만큼 많이 사용되는 게 바로 성폭력이고요. 전쟁 지역에서 강간은 그 사회의 문화와 정서를 파괴하기 위한 무기로 이용돼요. 민간인이나 상대편에게 두려움을 심어 지배하기 위한 수단으로 여성을 이용하는 거예요. 혹은 승리의 보상으로 민간인을 강간하기도 해요. 여성을 같은 사람으로 보지 않고 그저 수단으로, 소유물로 보기 때문에 일어나는 잘못된 일이에요. 사랑하는 사람이 잔인하게 강간당하는 장면을 지켜볼 수밖에 없는 사람들은 큰 충격에 빠지고 가족이나 마을 전체가 붕괴되기도 합니다.

유엔평화유지군 사령관이던 패트릭 카마에르트는 "오늘날 여성은 분쟁 지역 군인보다 더 큰 위험에 처해 있다."고 말했을 정도예요. 전쟁이라는 극한의 상황 속에서 누군가는 폭력을 휘두르고, 누군가는 그 폭력에 저항하며 상처와 아픔을 견뎌야만 하죠.

이러한 상황 속에서 전쟁 성범죄에 맞선 '데니스 무퀘게'와 '나디아 무라드'가 2018년 노벨평화상을 받았어요. 데니스 무퀘게는 콜롬비아와 콩고 전쟁 중에 성폭력을 당한 여성들을 도운 산부인과 의사예요. 그가 도운 여성은 4만 명이 넘어요. 제2차 콩고 전쟁이 벌어진 1998년 이후로 콩고 내의 전쟁은 아직까지 계속되고 있고, 그동안 집단 학살, 집단 강간, 고문, 질병 등으로 4백만 명 이상이 사망했어요. 수천만 명의 여성이 성폭력 피해를 입었고요.

나디아 무라드는 이슬람 무장 테러 단체 IS에 납치되어 성폭력, 고문, 구타를 당하다 탈출했고, 탈출 후에 국제사회에 IS의 잔혹한 행위를 알리

는 인권 운동가로 활동하고 있어요. IS에 납치된 수백, 수천 명의 여성은 성폭력을 당하며 성노예로 살고 있는데, 이들 대부분은 14, 15세의 어린 소녀예요. 전쟁 중 겪게 되는 성폭력 경험이 생존자의 삶에 미치는 영향은 생각보다 무척 심각해요. 정신적 충격으로 약물에 의존해 살아가기도 하고, 강간당할지 모른다는 공포에 스스로 목숨을 끊기도 해요. 하지만 가해자는 죗값을 받지 않고 살아갑니다.

 세계 평화는 지금 이곳에서

지금까지 전쟁 중 일어나는 폭력, 특히 여성에게 일어나는 성폭력에 대해 이야기했어요. 이 문제는 단순히 먼 나라의 이야기가 아니에요. 성별의 문제는 더더욱 아니죠.

지구상에는 전쟁 중인 나라가 20곳이 넘어요. 한국도 아직 전쟁이 끝나지 않은 휴전 국가고요! 해결하지 못한 '일본군 성노예제' 문제도 전쟁 중 일어났던 집단 성폭력이었어요. 전쟁과 같은 무력 충돌은 남성과 여성 모두에게 영향을 미치고 성 불평등을 심화시켜요. 공격적이고 폭력적인 왜곡된 '남성성'이 자라나기 때문이에요. 우리가 세계 평화에 더 관심을 가져야 할 또 하나의 이유기도 하죠. 테러나 무력 충돌은 이 시간에도 일어나고 있고, 무자비한 폭력 속에서 수많은 여성이 또 위험에 노출될 거예요. 모두의 평화를 위해 폭력의 고리를 끊어 내야 할 때입니다.

세계에서도 평화를 위해 많은 노력을 합니다. 유엔 안전보장이사회에서는 2000년에 '여성과 평화 안보에 관한 결의'를 만장일치로 통과시켰어요. 이 결의안은 전쟁 지역에서 여성에 대한 성폭력을 뿌리 뽑고, 전쟁 예방과 해결 과정에서 여성이 적극적으로 참여해야 한다는 내용이에요. 여성과 소녀를 폭력으로부터 보호하고 평화를 위한 의사 결정을 할 때 남성뿐만 아니라 여성도 적극적으로 참여하자는 뜻이죠.

이처럼 여성은 전쟁의 피해자에 그치지 않고 세계 평화에 적극적으로 앞장서고 있어요. 1991년 처음 '일본군 성노예제' 문제를 증언한 고 김학순 할머니나 지금도 전 세계를 다니며 평화를 말하는 나디아 무라드처럼요. 한국의 성노예제 피해 할머니들은 전쟁으로 고통받는 여성을 위해 증언을 하고, 시민과 함께 모은 '나비 기금'을 전 세계에 전달하고 있어요. 몇십 년 전에는 자신의 경험을 입 밖으로 꺼내는 것조차 두려워했던 할머니들이 이제는 세계 평화를 위한 인권 운동가로 활동하고 있잖아요! 정말 멋지지 않나요?

이 모두가 전쟁 때문이니 전쟁이 사라지면 평화가 찾아올까요? 아니에요. 전쟁의 반대말은 평화가 아니니까요. 진정한 평화는 모든 이를 위한 정의가 이루어진 상태예요. '일본군 성노예제' 문제에서 정의는 과거를 잊지 않고, 문제를 해결하라고 요구하는 것일 테죠. 누군가를 차별하지 않고 존중하는 정의로움도 있을 테고, 범죄와 소수자를 향한 차별과 폭력이 사라지는 정의도 있어요. 전쟁이나 신체적인 폭력이 없는 상태에서 더 나아가 모든 부분에서 차별이나 억압, 불평등이라는 보이지 않는 폭력을 없애고 서로를 포용하는 것이 정의이고 진정한 평화입니다.

그러고 보니 세계 평화는 멀리 있는 게 아니네요. 지금 당장 전쟁에 맞서 싸울 힘은 없지만, 집과 교실을 변화시키고 정의를 찾을 힘은 있으니까요. 차별적인 말을 쓰는 친구를 향해 '하지 마'라고 말하는 것도, 폭력을 당한 친구의 손을 잡는 것도, 지금 이 책을 읽으며 문제를 깨닫고 한 번 더 생각하는 것도 모두 세계 평화를 위한 일이에요. 이렇게 작은 일부터 실천하다 보면 더 큰 목소리를 낼 수도 있어요.

이용수 할머니가 90세에 한 말씀이 생각납니다.

"인권 운동하기 딱 좋은 나이다!"

변화는 지금부터예요!

✱ 모든 것은 생각하고 깨닫는 것에서 그치면 안 돼요. 나 스스로 행동가가 되어 실천하고 움직일 때 비로소 변화를 기대할 수 있어요. 평화를 위해 할 수 있는 작은 행동, 지금부터 시작해 봐요.

전쟁과여성인권박물관 www.womenandwarmuseum.net

일본군 성노예제 생존자가 겪었던 역사를 기억하고 교육하며, 일본군 '위안부' 문제를 해결하기 위해 활동하는 공간이에요. 더 나아가 전쟁과 여성 폭력이 없는 세상을 만들기 위해 행동하는 박물관이죠. 나와 같은 피해자가 다시는 없어야 한다는 할머니들의 바람을 담아 세워진 전쟁과여성인권박물관을 견학해 보고, 여성 폭력과 전쟁 없는 세상을 만들어 가는 한 사람의 활동가가 되어 보세요.

국제앰네스티 캠페인 참여 및 후원 amnesty.or.kr

앰네스티(amnesty)는 세계 최대의 인권 단체예요. 성, 인종, 장애 등 개개인이 갖고 있는 특성 때문에 인권을 침해받지 않도록 차별에 맞서 싸우고 활동해요. 전쟁 지역의 여성 인권 문제 해결을 위해 활동하는 인권 단체에 후원하는 것만으로도 변화에 동참하는 일이죠.

수요 집회 참가하기

수요 집회는 일본군 성노예제의 문제 해결을 요구하는 집회예요. 공식 명칭은 '일본군 성노예제 문제 해결을 위한 정기 수요시위'인데, 옛 일본 대사관 앞에서 매주 수요일에 열려요. 2025년 5월 기준으로 일본군 성노예제 피해 할머니는 여섯 분만 살아 계세요. 더 늦기 전에 할머니들의 목소리에 힘을 보태고 함께해요.

두근두근 고민 상담소

9월

※ 〈성적 자기결정권을 존중하는 여섯 가지 용기〉의 '용기' 콘셉트는 《나의 성 나의 인권 중학교》(한국양성평등교육진흥원, 미래 엔) 저작권자의 허가를 받아 저자가 새롭게 쓴 내용입니다.

날이 선선해지는 가을, 공원에 나들이를 나온 가족이 보이네요. 손을 잡은 연인도 보이고요. 여러분은 누구와 함께 이 거리를 걷고 싶나요? 자꾸 생각나는 그 친구 때문에 설레는 마음이 들지도 몰라요. 어쩌면

연애 중이라 새로운 고민에 머리가 아플 수도 있겠네요.

이를테면 연인이 사귄다는 이유로 지나치게 사생활을 간섭하거나, 원하지 않는데 연인이 만지려고 하는 스킨십 문제 말이에요. 새로운 관계에 걱정하는 여러분을 위해 작은 궁금증부터 말 못 한 고민까지 상담해 드립니다!

연애 대나무 숲

"임금님 귀는 당나귀 귀!"라고 외치며 대나무 숲에 비밀을 털어놓으면 홀가분해진다는 이야기를 들어 봤나요? 여러분도 연애와 관련해서 누군가에게 물어보고 싶지만, 지극히 개인적인 일이라 말하기 어렵던 고민이 있을 거예요. 마음을 고백하려면, 연애하려면, 이별하려면 어떻게 해야 할지 여러분의 궁금증을 '연애 대나무 숲'에서 함께 나눠 보아요.

Q 짝사랑하는 사람하고 잘되어 가는 듯한데, 여자가 먼저 고백하면 어떨까요?

A 마음을 드러내는 것은 용기 있는 일이에요. 걱정되기도 하지만 설레는 일이기도 하지요. 남자라고 먼저 고백해야 하는 것도, 여자라고 기다리기만 해야 하는 것도 아니에요. 여자든 남자든 좋아하는 마음을 표현하고 싶다면, 하면 돼요!

Q 데이트 비용은 어떻게 하지요?

A 여러분이 사 주고 싶고, 여유가 있다면 연인에게 사 줘도 괜찮아요. 하지만 용돈을 초과해서 쓰거나 돈을 빌리면서까지 무리할 필요는 없어요. 상황에 따라 다르겠지만 학생이라면 보통 같이 내는 게 서로에게 부담 없지 않을까요? 혹시 데이트 비용이 부담된다면, 공원을 걸으며 이야기하는 데이트도 좋지요. 함께 즐거운 시간을 보내면 되니까요.

Q 사귀는 애가 저랑 뭐 했는지 비밀스러운 일까지 하나하나 친구들에게 다 이야기하는 것 같아요. 친구들이 "너희 진짜 뽀뽀했어?"라고 저한테 물어볼 때마다 너무 속상해요.

A 서로의 비밀을 다른 사람에게 얘기하는 것은 잘못이에요. 둘이 있을 때의 일들은 당연히 둘만의 비밀로 지켜 줘야 해요. 사귀는 사이가 아니라 헤어진 사이에도 만나는 동안 있었던 스킨십이나 비밀스러운 대화, 지극히 개인적인 정보에 관한 것은 이야기하지 않는 게 예의예요.

Q 남자 친구가 너무 집착해요. 다른 남자랑 연락도 하지 말래요. 저번에는 다른 남자랑 이야기하는 모습을 보고 물건을 던져서 너무 무서웠어요.

A 연락을 간섭하거나 여러분의 사생활을 침해하는 말이나 행동, 물건을 던지는 폭력적인 행동은 모두 폭력이에요. 사생활 침해나 폭력적인 행동 외에도 스킨십을 강요하거나 연인의 행동을 통제하는 것, 큰 소리를 치거나 욕하는 언어 폭력, 스토킹 모두 폭력에 해당합니다. 위험한 상황이니 본인의 안전을 먼저 생각하여 보호자나 주변 사람에게 알려야 해요.

Q 애인에게 헤어지자고 말하기가 어려워요.

A 이별은 어떤 말로 전해도 마음이 아플 수밖에 없어요. 연락을 받지 않고 피하거나 거짓말을 하기보다는 직접 만나 솔직하게 감정을 표현하면서 진심을 전하는 게 좋아요. 하지만 상대가 폭력적인 애인이라 이별을 말하기 어렵다면 문자로 의사 전달을 하거나 연락을 피하는 쪽이 안전할 수 있어요.

Q 헤어진 여자 친구가 너무 그리워서 계속 문자 메시지를 보내고 학원이나 집 앞에서 자주 기다렸어요. 그러자 친구가 저를 보고 도망갔어요. 제가 잘못했나요?

A 네. 그러한 행동은 스토킹이고 폭력이기 때문에 잘못이에요. 상대방은 원치 않는데 자꾸 나타나면 상대방은 두려움과 걱정으로 매 순간 전전긍긍합니다. 요즘 이별 후 전 연인을 해치는 사례가 많다 보니 상대는 더 걱정할 수 있어요. 앞으로 전 여자 친구를 따라다니지 말고, 이별 후 슬픔과 전 여자 친구의 감정 모두 받아들이는 연습을 해 봐요. 여러분이 하는 행동이 상대가 싫어할 행동일지 먼저 생각해 본다면, 잘못된 행동을 하지 않을 수 있어요.

 모두에게 성적 자기결정권이 있어!

   십 대가 되어 사춘기를 겪으면 성에 대한 호기심도 커지고 궁금한 것도 늘어나요. 손잡고 싶은데 어떻게 해야 하는지, 뽀뽀는 해도 되는지 같은 고민 말이에요. 이런 '스킨십'에 대한 이야기는 성적 자기결정권으로 풀어 볼 수 있어요.

   좋아하는 사람에게 안고 싶다고 말한 적 있나요? 반대로 연인이 입맞춤하고 싶어 하는데 내가 싫다고 말한 적은요? 이렇게 스킨십을 할 때, 내가 하고 싶다거나 하기 싫다고 자유롭게 말할 수 있는 권리가 누구에게나 있어요. 이것이 바로 '성적 자기결정권'이에요. 성적 자기결정권은 자유롭게 자신의 성적 행동을 선택하는 권리를 뜻해요.

형식적 절차가 아닌 '진짜' 동의

성적 자기결정권을 서로 존중하기 위해 가장 중요한 것은 '진짜 동의'와 서로 존중해 주는 태도입니다. 스킨십을 하기 전에 가장 먼저 내가 원하는지 확인하고 상대도 그러한지 동의를 구해야 해요. 여기서 동의는 단순히 상대방에게 의사를 물어보는 형식적인 절차가 아니에요. 편하게 거절할 수 있는 상황에서 '진짜' 동의했는지가 중요해요.

불변의 '계약'이 아니라 매 순간 존중하는 '태도'

성적 자기결정권에서 또 하나의 핵심은 신체 접촉에 대한 동의가 계약이 아니라 '태도'가 되어야 한다는 점이에요. "지금 포옹하는 데에 너도 성적 자기결정권을 갖고 동의했지? 나중에 딴소리하지 마!"라고 생각했다면 잘못 이해했어요. 한 번 도장을 찍으면 무를 수 없는 계약서처럼, 사전에 한 번 동의를 받으면 된다고 착각하면 안 됩니다. "서로 동의했지만 생각이 바뀌면 언제든 얘기해. 무엇이든 들어줄게."처럼 이해해야 해요. 자유롭게 성적 행동을 선택하고 번복해도 되는 권리가 모두에게 있음을 알고, 매 순간 서로 존중해 주는 태도가 중요합니다.

성인과 미성년자처럼 동등하지 않은 입장일 때 성적 자기결정권을 잘못 이해하는 경우가 많아요. 상대적인 약자에게 동의를 강요할 수 있기

때문이지요. 몇몇 나쁜 어른은 거절할 수 없는 환경에서 미성년자에게 동의를 받아 스킨십을 하고는, 동의를 받았으니 서로 합의하에 이루어졌다며 잘못을 부인하기도 해요. 미성년자가 거절과 동의를 자유롭게 결정할 수 있는 상황이 아니었으니 '진짜' 동의도 아니고, 상대를 존중해 주는 태도도 찾아볼 수 없는데 말이에요. 그래서 법으로 정하고 있어요. 성인은 만 16세 미만의 아동과 성행위를 할 경우에 상대방의 동의 여부와 상관없이 '의제강간'으로 형사처분 대상이 됩니다. 성적 자기결정권을 바르게 이해하는 것이 정말 중요하다는 생각이 들지 않나요?

 성적 자기결정권을 존중하는 여섯 가지 용기

실생활에서 성적 자기결정권을 존중하려면 구체적으로 어떤 태도를 가지면 좋을까요? 가장 중요한 건 용기예요. 흔히 '용기'라고 하면 자신의 의사를 표현하는 용기만 떠올리기 쉽지만, 다른 사람의 의사를 받아들일 때에도 용기가 필요하답니다. 마음을 고백하거나 스킨십을 제안하는 용기뿐만 아니라 상대의 요구를 거절하거나 거절을 받아들이는 용기도 필요하니까요. 나와 상대방을 존중하는 여섯 가지 용기, 찬찬히 살펴보며 스스로에게 필요한 '성적 자기결정권'이 무엇인지 생각해 봐요.

- 나를 매력적인 사람으로 생각하는 용기
- 다른 사람에게 자신의 생각과 마음을 솔직하게 표현할 수 있는 용기
- 싫은 것을 거절할 수 있는 용기
- 거절을 받아들일 수 있는 용기
- 스킨십하기 전에 동의를 구하는 용기
- 상대를 불편하게 하는 행동을 즉시 멈추고 사과하는 용기

나를 매력적인 사람으로 생각하는 용기

스스로에 대한 진심 어린 애정을 말해요. 스스로를 괜찮은 사람이라 믿으면 자신 있게 의사를 표현하는 데에 도움이 돼요. 상대방의 거절에도 자책하지 않고 건강하게 받아들일 수 있고요.

다른 사람에게 자신의 생각과 마음을 솔직하게 표현할 수 있는 용기

자신이 하고 싶은 것과 하기 싫은 것을 잘 살펴서 스스로에게 확신을 갖는 자세예요. 그런 뒤 상대를 존중하면서 자신의 생각을 왜곡 없이 솔직하게 나타내는 용기지요.

싫은 것을 거절할 수 있는 용기

남을 지나치게 신경 쓰지 않고 싫은 부탁을 거절하는 용기예요. 내가 원하지 않는데도 다른 사람의 의사에 끌려다니는 일이 없어야 하니까요. 물론 거절해도 괜찮도록 상대방이 편안한 분위기를 만들어 줘야 하겠지요.

거절을 받아들일 수 있는 용기

내가 고백하거나 스킨십을 제안했을 때 거절당하더라도 상대를 존중하며 받아들이는 자세를 말해요. 상대에게 해 달라고 반복해서 조르지 않고 거절당한 후 상대를 탓하거나 비난하지 않는 용기지요.

스킨십하기 전에 동의를 구하는 용기

손잡고 싶을 때 먼저 상대방에게 손을 잡아도 되는지 물어보는 거예요. 동의는 상대방이 거절해도 괜찮은 따뜻한 분위기 속에서 허락을 구한다는 뜻입니다. 상대가 두려움이나 위압감을 느끼지 않도록요. 거절을 받아들일 수 있다는 용기를 내어 허락을 구하는 거죠. 또한 분명한 동의가 없다면 거절로 이해하는 자세도 포함해요. 예를 들어 상대방이 웃으면서 싫다고 했다고 상대방도 나처럼 좋아한다고 착각하지 않아야 해요.

상대를 불편하게 하는 행동을 즉시 멈추고 사과하는 용기

상대가 싫어하는 말과 행동은 알아차리는 즉시 그만둬야 해요. 그리고 진심을 다해 사과하는 용기지요. 또한 이후에 같은 잘못을 반복하지 않도록 노력해야 합니다. 무엇보다 행동하기 전에 다른 사람을 배려하는 태도가 중요하지요.

실전! 성적 자기결정권 완전 정복

다양한 용기를 통해 성적 자기결정권에 대해 알아보았어요. 이제 실제로 일어날 수 있는 다양한 상황을 보고, 어떻게 대처해야 옳은지 알아볼게요. 고민을 털어놓는 친구에게 어떤 답을 해 줘야 할지 두 가지 대답 중에서 골라 보세요.

> **Q** 저는 싫은데 애인이 자꾸 키스하자고 해요. 적당한 핑계로 돌려 말했는데 애인이 사귀는 사이에 키스도 안 하냐면서 자꾸 그러면 헤어지겠대요.
>
> **A** ① 애인이 얼마나 섭섭하면 그러겠어요? 서로 원하는 것을 해 주려고 노력해야지요. 키스하기 싫겠지만 용기를 내 보세요.
> ② 애인이 즉시 멈추고 사과해야 해요. 혹시 애인에게 싫다고 말하지 못했더라도 애인이 확실히 확인했어야 해요.

옳은 대답은 ②번이에요. 애인이 스킨십하기 전에 동의를 구하는 용기와 상대를 불편하게 하는 행동을 즉시 멈추고 사과하는 용기를 가져야 해요. 성적 자기결정권은 본인과 상대의 마음을 함께 헤아려야 하니까요. 애인은 스스로의 욕구만 앞세웠고 상대가 어떻게 하고 싶은지 알려고 하지도 않았어요. 계속 애인이 사과하지 않고 스킨십을 요구한다면 헤어져야 해요.

> **Q** 애인이랑 한 달이나 만났는데 아직 손도 못 잡았어요. 손잡자고 하니까 웃으면서 싫다고 하는데 부끄러워서 싫다는 거 맞죠?
>
> **A** ① 싫다는 말은 거절이에요. 애인이 웃었던 것은 기분 상할까 봐 당신을 배려한 행동이에요.
> ② 웃으면서 싫다고 하는 건 장난으로 하는 말이죠. 솔직히 마음속으로 손잡아 주길 기다릴 거예요.

옳은 대답은 ①번이에요. 거절을 받아들일 수 있는 용기를 가져야 해요. 거절은 거절로 받아들여야 합니다. '웃었으니까 좋아할 것이다'라고 마음대로 허락으로 여기면 안 돼요. 분명히 애인이 싫다고 했으니까 손을 잡지 마세요. 한 달을 만났든 1년을 만났든 사람마다 신체 접촉에 대한 생각은 다르니 서로 존중해 주어야 해요.

> **Q** 방송부 선배가 자주 귀엽다고 머리를 쓰다듬거나 힘내라고 어깨를 주물러 주는데 불편해요. 선배니까 하지 말라고 하기도 어려워요. 말 안 하는 게 낫겠지요?
>
> **A** ① 선배가 귀여워해 주고 힘내라고 하는 행동인데 너무 예민한 것 같아요. 괜히 선배에게 불편하다고 말하면 어색해지죠.
> ② 선배의 의도와 상관없이 당하는 사람이 싫다면 선배가 잘못한 거예요. 선배는 상대가 괜찮은지 동의를 구했어야 해요. 솔직하게 불편하다고 얘기하세요.

옳은 대답은 ②번이에요. 다른 사람에게 자신의 생각과 마음을 솔직하게 표현할 수 있는 용기와 싫은 것을 거절할 수 있는 용기를 가져야 해요. 선배에게 솔직하게 불편하다고 얘기하면 어떨까요? 하지만 선배에게 말하지 못하더라도 자책하지 말아요. 마음대로 신체 접촉을 한 선배의 잘못이니까요. 선배에게도 스킨십하기 전에 동의를 구하는 용기가 필요합니다.

여러분의 건강하고 행복한 연애를 위해 혹시 자신이 연인에게 지나친 요구를 하고 있는지 점검해 보면 어떨까요? 만약 자신의 행동이 다른 사람의 성적 자기결정권을 침해한다면 반성해야겠지요. 또한 더 이상 다른 사람을 불편하게 만드는 행동이나 말을 하지 않도록 노력해야 합니다.

말이 차별이 된다고?

10월

우리가 사용하는 언어에는 우리가 만든 문화와
사회의 모습이 담겨 있어요. '학부모'라는 표현을
'보호자'로 바꾸어 생각하니 훨씬
다양한 가정의 모습을 상상할 수 있게 된 것처럼요.
우리의 생각과 사회에는 여전히 수많은 차별이 존재하고

많은 단어와 표현 속에도 아직 다양한 차별이 숨어 있어요.

어떤 단어와 표현이 차별을 만들어 내는지,
어째서 차별이고, 어떻게 바꾸면 좋을지
지금부터 더욱 예민해진 시선으로 함께 고민해 봐요.

왜 한쪽은 외가고 한쪽은 친가지?

외할머니의 '외' 자와 친할머니의 '친' 자가 각각 무슨 뜻인지 아나요? 외(外) 자는 바깥, 남이라는 뜻이고 친(親) 자는 친하다, 가깝다는 뜻이에요. 과거에는 여자가 결혼하면 남편 가족의 일부가 된다고 생각했어요. 그래서 시집간 딸은 같은 집안사람이 아니고 남이나 마찬가지라는 뜻의 '출가외인'이라고 부르기도 했지요.

이처럼 남편의 가족을 아내의 가족보다 중요하게 여기던 문화가 아직도 가족을 부르는 호칭 속에 남아 있어요. 남편이 아내의 가족을 이를 땐 '처가'라고 하는데, 아내가 남편의 가족을 이를 땐 '시댁'이라고 높여 부르듯이 말이에요. 처가는 아내의 본가라는 뜻인데 아내 처(妻)에 집 가(家)를 써요. 시댁은 시부모가 사는 집을 높여 부르는 표현인데, 시부모 시(媤)와 집을 높여 부르는 표현인 집 댁(宅) 자를 쓰지요.

어머니와 아버지가 상대방의 형제자매를 부르는 호칭에도 차이가 있어요. 아버지는 어머니의 동생을 처제, 처남이라고 부르지만, 어머니는 아버지의 동생을 아가씨, 도련님이라고 불러요. 아가씨와 도련님은 옛날 하인이 주인의 자식을 부르던 호칭이라는 걸 생각해 보면 참 이상한 호칭 아닌가요?

그래서 가족 내 호칭 문제가 차별적이라고 얘기하는 목소리가 커지고 있어요. 2018년에는 국립국어원과 여성가족부에서 '가족 호칭 정비안'을

만들어 도련님, 아가씨, 처남, 처제와 같은 호칭 대신 이름에 '~씨'라는 호칭을 붙여 사용할 것을 제안했어요. 또 시어머니/시아버지, 장인어른/장모님이라고 다르게 부르던 것을 어머님, 아버님으로 통일하자고 했어요. 시댁, 처가라고 구분하던 것은 시댁과 처가댁, 혹은 시가와 처가로 일치시키자는 내용도 있답니다.

우리가 잘못된 것을 깨닫고 계속해서 고쳐 나가다 보면 언젠가 차별적인 호칭이 완전히 바뀌는 날이 올 거예요.

이런 표현은 이제 그만!

가족의 호칭뿐만 아니라 일상생활 속에서 자주 사용하는 표현에서도 성 고정관념이나 차별을 찾을 수 있어요. 남자와 여자를 함께 부르는 표현들을 볼까요? 남녀, 부모, 자녀, 형제자매, 남매, 신사 · 숙녀, 아들딸, 부부(남편 夫夫, 아내 夫婦), 신랑 · 신부 등……. 여성과 남성을 함께 나타내는 표현 중에는 일반적으로 남성이 여성보다 앞에 오는 경우가 훨씬 많아요. 이외에도 부부가 서로를 소개할 때 '바깥사람, 안사람'으로 지칭하는 경우도 종종 있어요. 이런 표현은 '남편은 바깥에 나가 돈을 버는 일을 하고, 아내는 집 안에서 가사 노동을 한다'는 생각을 드러내고 있지요.

다른 말을 한번 살펴볼게요. 어린아이를 태워서 밀고 다니는 수레를 무엇이라고 부를까요? 유모차예요. 유모차의 뜻을 한자로 한번 살펴봐요. 젖 유(乳), 어미 모(母), 수레 차(車), 젖먹이를 엄마가 태워 끄는 수레라는 뜻이에요. 낱말의 뜻 안에 아이를 기르는 일은 엄마의 몫이라는 생각이 담겼다고 할 수 있어요. 하지만 아이를 기르는 것은 엄마만의 일이 아니에요. 그래서 시민의 제안을 받아 만들어진 서울시 성평등 언어 사전에서는 타고 있는 아이를 중심으로 한 유아차(乳兒車 : 어린아이가 타는 수레)라는 표현을 제안하고 있어요. 국립국어원 표준국어대사전에도 유아차라는 낱말이 새롭게 등재되었지요.

우리가 사용하는 단어와 표현은 사회 구성원의 사고방식에도 영향을 끼쳐요. 언어는 사회적인 약속이기 때문이에요. 그러니 지금부터 평등한 사회를 만들기 위해 자신을 편견 안에 가두지 않는 표현을 골라 쓰고, 찾아서 바꿔 나가는 노력을 해 보아요.

굳이 성별을 적어야 해?

여의사, 여기자, 여배우……. 여성 직업인을 부를 때 '여' 자를 붙여 성별을 강조하는 걸 자주 들어 봤을 거예요. 하지만 이렇게 여성을 도드라지게 표현하는 것도 차별적인 표현이에요. 왜 차별인지 잘 모르겠다고요? 그렇다면 이번엔 반대로 남성 직업인을 떠올리며 '남' 자를 붙여서 불러 보세요. 남의사, 남기자, 남배우, 부자연스럽지 않나요? 이건 특정 직업인이 당연히 남성이라고 생각하는 성 고정관념 때문이에요. 그래서 당연하지 않은 경우, 다시 말해 성별이 여성인 경우에만 '여' 자를 붙여 성별을 강조하죠.

이런 경향은 신문 기사에서도 쉽게 찾을 수 있어요. 많은 신문 기사에서 남성을 표기할 때는 A씨(12세)와 같이 나이만 적지만 여성을 표기할 때는 B씨(여, 12세)와 같이 성별을 함께 적고 있어요. 많은 사람이 신문의 성차별적인 표기 방식을 개선해 달라고 요구하고 있어요. 성별 표기가 없어도 독자가 내용을 이해하는 데 어려움이 없으면 굳이 성별을 따로 표기하지 말자고 제안했답니다.

반대로 간호사나 가사도우미가 남성일 때 남(男)간호사, 남(男)가사도우미로 표기하는 것도 성 고정관념이 드러나는 표현이에요. 여자 간호사나 여자 가사도우미는 자연스럽지만 반대로 남자인 건 어색하다는 생각이 담긴 표현이죠.

이름에 '여자'라는 낱말이 들어가는지 그렇지 않은지에 따라 10개의 학교를 두 무리로 나눠 보았어요. 왼쪽에 있는 학교는 여학생만 입학할 수 있는 여자 고등학교랍니다. 한국 대부분의 여자 중학교, 여자 고등학교 이름에는 '여자'라는 낱말이 들어가요. 반대로 오른쪽에 있는 학교는 남학생만 입학할 수 있는 학교예요. 그런데 한국의 남자 중학교, 남자 고등학교 이름에서는 '남자'라는 낱말을 찾기 힘들어요. 왜 그럴까요?

경기여자고등학교	경기고등학교
대구여자고등학교	대구고등학교
대전여자고등학교	대전고등학교
부산여자고등학교	부산고등학교
서울여자고등학교	서울고등학교

옛날에는 여자가 교육을 받는 일이 드물었어요. 그러다 보니 여자가 다니는 학교가 보통의 학교와 다르다는 것을 나타내기 위해 학교 이름에 여자를 넣어 표시했어요. 이런 사회적 습관이 아무런 비판 없이 오늘날까지 이어졌지요.

이런 점을 깨닫고 바꾸려는 움직임도 있어요. 서울에 있는 양천여자고등학교는 2005년 학교 이름에서 여자라는 낱말을 뺀 목동고등학교로 이름을 바꾸었어요. 성평등 관점에서 학교 이름에 성별을 나타낼 필요가 없다고 생각했대요. 이름은 바뀌었지만 목동고등학교는 여전히 여자 고등학교예요. 인천논현고등학교처럼 공학에서 여자 고등학교로 바뀌었는데 이름을 여자고등학교로 바꾸지 않고 그대로 사용하는 경우도 있죠.

예전에는 영어로 여성을 부를 때 결혼했는지 하지 않았는지에 따라

Miss.(미스)와 Mrs.(미시즈)로 다르게 불렀어요. 반면에 남성은 결혼 여부와 상관없이 Mr.(미스터)라고 불렀어요. 그렇다면 이혼을 한 여성은 뭐라고 불러야 할까요? 아니, 애초부터 여성을 결혼했는지 안 했는지에 따라 나누어야 할까요? 이런 고민 끝에 결혼 여부와 상관없이 여성을 부르는 Ms.(미즈)라는 단어가 생겨났고, 여성을 부를 때 결혼했는지 안 했는지를 따지는 건 중요하지 않아졌어요. 그리고 이제는 그것을 넘어 여성과 남성을 다르게 부르는 것이 옳은지, 성별 구분 없는 호칭은 없을지 고민하고 있어요. 그렇게 된다면 우리가 대화하는 상대의 성별보다는 대화의 내용이 더 중요해지지 않을까요?

언어 속에서 차별과 편견을 없애면 더 많은 개성이 존중받는 사회를 만들 수 있어요. 성평등한 언어를 사용하는 것은 우리 주변의 다양한 삶의 모습을 지지하고 존중하기 위한 첫걸음이에요. 다양하고 개성 있는 모습을 편견 없이 담아낼 새로운 언어 세상이 기대되지 않나요?

✤ 우리는 어떤 낱말이나 표현의 의미를 모를 때 사전을 찾아봐요. 사전은 이용하는 누구나 낱말의 뜻을 잘 이해할 수 있도록 본질적인 의미를 설명해야 해요. 그러니 주변을 예민하게 둘러보고 성차별적인 표현을 바꿔서 여러분만의 성평등 언어 사전을 알차게 채워 보세요.

내가 생각한 성평등 언어 사전

	내가 바꾼 낱말
유모차	
친할머니/외할머니	
그/그녀	
안사람/바깥사람	
시댁/처가	
미스/미스터	

인식이 바뀌면 사회도 바뀌어요

11월

11월 25일은 세계 여성 폭력 추방의 날이에요.
11월을 성폭력 추방의 달로 정하여 캠페인을 펼치는
단체도 많지요. 특별한 날을 정하고, 캠페인을 벌일 만큼

사회 곳곳에서 성폭력은 계속 일어나고 있어요.

심지어 더 교묘한 방식으로 사람들을 괴롭히기도 합니다.
세상에 존재하는 모든 성폭력을 사라지게 할 수 있을까요?

성폭력은 폭력입니다

성폭력은 상대방의 동의 없이 이루어지는 '성'과 관련한 모든 행위예요. 성희롱, 성추행, 강간 등을 다 포함합니다. 성희롱은 야한 농담, 외모에 대한 평가나 성적인 말, 원하지 않는 스킨십처럼 불쾌한 느낌이 드는 성에 관한 말이나 행동이에요. 성추행은 폭력이나 협박을 해 강제로 수치심을 주는 신체 접촉을 하는 것, 강간은 상대방의 동의 없이 성관계를 강요하는 것입니다.

사회에는 성폭력과 관련한 많은 오해가 있어요. 이러한 오해 때문에 가해자의 잘못을 어쩔 수 없었다고 정당화하거나 성폭력의 원인을 피해자 탓으로 돌립니다. 이는 '2차 가해'가 되어 피해자를 더 힘들게 할 수 있어요. 사람들이 성폭력에 대한 왜곡된 시각을 갖지 않게 지금부터 오해들을 바로잡아 봅시다.

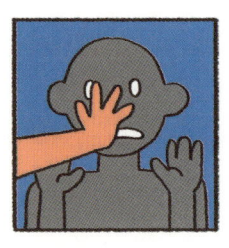

성폭력 가해자는 대부분 낯선 사람이다?

아니에요. 이웃이나 가족, 친구처럼 아는 사람이 성폭력 가해자인 경우가 87%예요. 그러나 언론에서는 낯선 사람에 의해 발생하는 성폭력을 주로 보도하기에 사람들은 잘 알지 못해요. 이는 친밀한 사이의 성폭력을 잘 알아차리지 못하거나 대처하기 어렵게 만들 수 있어요. 그러니 아무리 가깝더라도 '친근한 표현으로 그랬겠지?'라고 애써 가해자를 생각해 주지 않아도 돼요. 가해자가 잘못한 행동만 보고 판단합니다.

성폭력을 예방하려면 여자들이 옷차림이나 행동을 조심해야 한다?

아니에요. 성폭력과 피해자의 옷차림은 전혀 관계가 없어요. 유독 여성에게만 순결과 정숙을 강요하는 사회 분위기 때문에 생긴 잘못된 인식이지요. 실제로 성폭력은 피해자가 늦게 다녀서, 노출된 옷을 입어서가 아니라 온전히 가해자가 성폭행을 하기로 결심했기 때문에 발생해요. 그리고 성폭력의 원인을 피해자에게서 찾는 것은 피해자에게 2차 가해가 되니 주의해야 합니다.

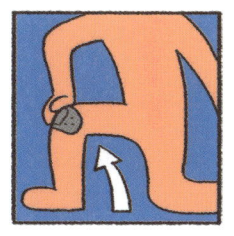

성폭력 피해자는 너무 힘들어서 평범하게 생활하기 힘들다?

성폭력 피해자의 생활을 하나의 모습으로 단정할 수 없어요. 적절한 상담과 치료를 통해 회복하여 일상으로 돌아가는 경우도 많거든요. 피해자를 '평생 고통스러울 사람'이라는 고정된 이미지로 보는 것 또한 편견이에요. "피해자인데 왜 저렇게 멀쩡해?"라는 생각이나 말은 오히려 피해자를 더 어렵게 만들 수 있거든요. '씻을 수 없는 상처'와 같은 표현도 쓰지 않는 것이 좋겠지요?

 **남자는 욕구를 참을 수 없기 때문에 성폭력을 저지른다?**

아닙니다. 여성과 남성의 성욕은 다르지 않아요. 과학적으로도 어느 쪽이 더 성욕이 강하다고 결론 나지 않은 문제고요. 또한 성욕이 성폭력을 일으킨다는 생각은 위험해요. 자칫 '욕구를 해소해야 하니까 범죄를 저지를 수밖에'라는 논리로 이어지기 때문이지요. 실제로 성폭력은 성욕을 참을 수 없어서가 아니라, 사람 사이의 '권력(힘)' 차이로 발생합니다. 가해자가 피해자보다 성별이나 나이, 지위, 장애 유무 등에서 더 강한 위치에 있어서 동등한 관계가 아닌 점을 악용한 행위지요.

 성폭력이 일어나면 어떻게 해요?

성폭력이 일어났을 때, 어떻게 대처해야 할지 안다면 피해를 최소화하고 몸과 마음을 회복하는 데에 도움이 돼요.

먼저, 반드시 가족이나 교사 등 믿을 수 있는 어른에게 알리고, 전문 기관의 도움을 받아야 해요. 성폭력이 발생하면 피해자 혼자 몸과 마음을 추스르고 다른 피해를 막기 위해 애쓰기에는 한계가 있으니까요.

하지만 성폭력 피해자가 피해 사실을 말하기는 어려울 수 있어요. 피해 상황을 말하기가 고통스럽거나 가해자가 피해 사실을 말하지 못하도록 강요했을 수도 있고요. 혹은 피해자에게 성폭력의 책임을 돌리는 사회 분위기가 피해자의 입을 막기도 해요. 주변에 피해 사실이 알려지면 피해자를 향한 부정적인 반응이 있을까 두려울 수도 있지요. 하지만 성폭력은 가해자만 비난받고 책임져야 하는 범죄예요. 피해자 잘못은 없으니 피해자는 자신을 탓하지 말고 용기를 내서 주변에 도움을 요청해요.

성폭력은 일어나지 않으면 가장 좋지만, 만약 일어난다면 잘 대처해야 피해를 최소화하고 몸과 마음을 회복하는 데에 도움이 돼요. 제일 먼저 내 편에서 나를 온전히 믿어 주고 탓하지 않는 믿을 만한 어른에게 알려요. 그런 뒤 전문 기관의 도움을 받아야 합니다. 아래 소개한 전문 기관 이외에도 한국여성인권진흥원 홈페이지를 통해 전국 각지의 성폭력 피해 상담 기관을 확인할 수 있어요.

한국성폭력상담소 02-338-5801
디지털 성범죄 피해자지원센터 02-735-8994
여성긴급전화 1366
청소년사이버상담센터 청소년상담 1388
한국여성민우회 02-335-1858
한국여성의전화 02-2263-6464, 6465

평소에 신뢰할 만한 어른과 자주 대화하면 좋아요. 위험에 처했을 때 여러분이 처한 상황을 쉽게 이야기할 수 있고, 위험을 알아챈 어른이 도와줄 수 있기 때문이에요.

성폭력이 발생했을 때 도와줄 수 있는 사람(믿을 만한 어른)은 누가 있는지 생각해 봅시다. 믿을 만한 어른은 내가 편안하게 상황을 털어놓을 수 있는 사람이에요. 내 편에서 나를 온전히 믿어 주고 탓하지 않는 어른이지요. 상황에 따라 가족이 될 수도 있고 선생님일 수도 있어요.

혹시 도움을 청할 어른이 없을 때는 어떻게 해야 할까요? 성폭력 전문 상담 기관에 도움을 청하면 돼요.

성폭력 피해로 힘들어하는 친구가 여러분에게 피해 사실을 털어놓을 때는 어떻게 하면 좋을까요? 먼저, 용기를 내서 말해 준 친구를 격려해 주고 진심으로 공감해 주세요. 피해자를 탓하거나, 들은 내용을 다른 사람에게 이야기하면 피해자가 더 힘들어지는 것 알지요? 2차 가해가 되지 않도록 주의해야 해요. 친구가 원하는 해결 방식이 무엇인지, 친구가 어떻게 하면 몸과 마음을 잘 회복할지 고민해서 행동해야 합니다.

 디지털 성범죄가 뭐예요?

만약 내가 들어간 화장실에 카메라가 있다면 어떤 기분이 들까요? 나도 모르는 사이 찍힌 사진이 온라인에 퍼진다면요? 아주 작은 카메라를 이용한 범죄는 우리가 알아차리기 어렵지만 피해는 빠르게 늘고 있어요. 과학 기술은 발전했지만 이를 사용하는 사람들의 인식은 아직 성숙하지 못했거든요. 그래서 동의 없이 촬영하는 범죄의 심각성을 알리기 위해 '몰래카메라' 대신 '불법 촬영'으로 부르기로 했어요. '몰래카메라'라는 표현은 깜짝 이벤트나 장난으로 느껴질 수 있어서요.

신체를 촬영해서 성적 불쾌감이 들게 하는 불법 촬영은 대표적인 디지털 성범죄입니다. 디지털 성범죄는 카메라나 인터넷과 같은 디지털 매체를 사용하여 성적으로 괴롭히는 행위예요. 기술의 발전으로 나타난 새로운 형태의 성범죄입니다. 심지어 다른 성범죄와 달리 온라인 공간을 이용하기 때문에 사진과 영상이 순식간에 퍼져 나가고 이를 완전히 삭제하기가 어려워서 더 큰 피해가 우려되지요. 게다가 온라인 공간을 넘어 현실 세계로 이어지는 경우가 많아 더욱 문제가 됩니다. 디지털 성범죄에는 불법 촬영뿐만 아니라 불법 촬영물을 퍼뜨리거나 알리겠다고 협박하는 것, 촬영물에 다른 사람을 성적으로 합성하는 것, 몸 사진이나 영상을 요구하거나 협박하는 것, 성 착취물을 공유하거나 판매하는 것 모두 해당해요.

그렇다면 디지털 성범죄는 어떻게 예방해야 할까요? 모든 성범죄는 가해자의 잘못이므로 가해자가 범죄를 저지르지 않으면 해결돼요. 하지만 현실적으로 어렵지요. 대신, 점점 더 교묘해지는 범죄 수법을 안다면 우리가 대처하는 데에 도움이 될 거예요.

첫 번째 유형은 '공짜로 줄게' 유형이에요. 친하게 지내자며 문화 상품권 혹은 기프티콘을 준다고 하거나 이벤트에 당첨되었다며 접근합니다. 이를 받으려면 개인 정보가 필요하니 알림장을 찍어 보내 달라거나 학교 이름 등을 알려 달라는 방식이에요.

두 번째는 '도와줄게' 유형입니다. "이 사이트에 당신의 개인 정보가 돌아다니니 도와줄게요."라며 링크를 보내옵니다. 해당 사이트를 누르는 순간, 온갖 개인 정보가 상대에게 넘어가게 되지요.

세 번째는 '우린 친구야' 유형이에요. 말이 잘 통하거나 따뜻하게 잘 위로해 주어서 좋은 친구인 줄 알고 SNS ID나 전화번호를 알려 주었어요. 이렇게 친절한 척 사람을 속여 개인 정보를 수집한 뒤, 범죄자는 갑자기 돌변하여 협박을 하지요. 시키는 대로 하지 않으면 가족과 친구들에게 알리겠다며 사진과 영상을 요구합니다.

범죄 유형을 보니 어떻게 해야 할지 알겠지요? 좋은 말로 꾀어내든, 나쁘게 협박하든 내 개인 정보를 알려 줘서는 안 돼요. 사진과 영상도 보내서는 안 되고요. 또한 특정 링크를 클릭하는 것도 위험해요. 온라인상에 전체 공개로 프로필 사진이나 게시물을 올리는 것도 내 정보가 드러날 수 있으니 주의해야 해요. 만약 이미 디지털 성범죄를 당했다면 당신의 잘못이 아니라는 것을 기억하고 전문가의 도움을 받으면 됩니다. 앞에서 알려 준 '디지털 성범죄 피해자지원센터'의 도움을 받아 보아요.

# 성범죄가 없는 사회로

성범죄가 없는 사회가 되려면 성에 대한 사회의 생각부터 바꿔야 해요. 한국 사회는 성에 대해 말하거나 드러내는 것을 꺼리기 때문에 성에 대해 생각할 기회가 없어요. 그러다 보니 성에 대한 왜곡된 생각이 널리 퍼져 있지요. 따라서 성범죄가 없는 사회를 만들려면 성에 대한 왜곡된 생각을 바로잡으려는 노력이 필요합니다.

첫째, 피해자를 탓하지 않고 가해자의 잘못에 집중해야 합니다. 성범죄가 발생하면 사람들은 피해자의 의도와 행동을 검열하기도 해요. 돈을 벌려고 했으니까, 모르는 사람에게 연락을 했으니까 피해를 입었다고 비난하지요. 마치 피해자에게 잘못이 있는 것처럼요. 이는 피해자를 자책하게 만들고, 피해자가 신고하기를 주저하게 합니다. 또 '저렇게 웃고 당당한 사람이 피해자일 리 없어.'라며 피해자의 모습을 한정하는 '피해자다움'은 고정관념일 뿐이에요. 고정관념은 사라져야 하지요. 이제부터는 가해자에게 초점을 맞춰 가해자의 잘못에 대해 이야기해야 합니다.

둘째, 모든 사람을 동등하게 바라봐야 해요. 성폭력 가해자는 피해자의 고통과 상관없이 마음대로 행동합니다. 마치 감정이 없는 물건을 다루듯요. 피해자를 똑같은 인격을 가진 사람으로 보지 않고, 성적인 대상으로 보기 때문이에요. 이를 '성적 대상화'라고 해요. 한국 사회는 유독 여성의 신체를 성적으로 묘사하는 경우가 많아요. 같은 음료 광고에 나온 모델 중 여성은 노출이 많고 딱 붙는 의상을 입어 몸을 강조하고, 남성은 몸이 거의 드러나지 않는 옷을 입는 경우가 그래요. 성별에 상관없이 누구든 같은 인간으로 존중해야 해요.

셋째, 우리 '모두'가 적극적인 조력자가 되어야 합니다. 범죄가 일어나지 않도록 혹은 범죄의 피해를 줄이기 위해, 모두가 열심히 도와야 해요. 그동안 일어난 사건을 보면 수많은 방관자가 있었어요. '피해자 A, 아무개 아니야?' 하며 피해자를 알아내려고 한 사람, '좀 볼 수도 있지.'라며 불법 촬영 가해자 편을 든 사람, 실시간 검색어에 오를 정도로 불법 촬영물을 얻기 위해 노력한 사람까지 모두 방관자죠. 방관자가 많은 사회에선 더 많은 피해가 발생하고 피해자의 고통도 더 커요. 이제는 모두가 적극적으로 조력자가 되어야 합니다. 만약 친구가 불법 촬영물을 내게 공유하려고 하면, 여러분은 친구에게 잘못이라고, 하지 말라고 하면 됩니다. 간단하죠? 친구가 보낸 사진과 영상을 저장하거나 공유하지 않고, 피해자 정보를 궁금해하지 않아야 합니다. 이는 2차 가해를 하지 않기 위한 행동이에요.

넷째, 작은 것부터 실천해요. 앞에서 소개한 세 가지는 우리가 가져야 할 성평등한 관점이라고 볼 수 있어요. 여러분이 이런 관점을 갖는 것에 그치지 않고 사회 변화를 위해 목소리를 내면 어떨까요? 예를 들어 사람들이 관심을 가져야 하는 성범죄 사건을 널리 공유하는 SNS '해시태그 운동'을 할 수 있어요. 혹은 피해자를 위한 법 개정이나 사회 운동을 알리

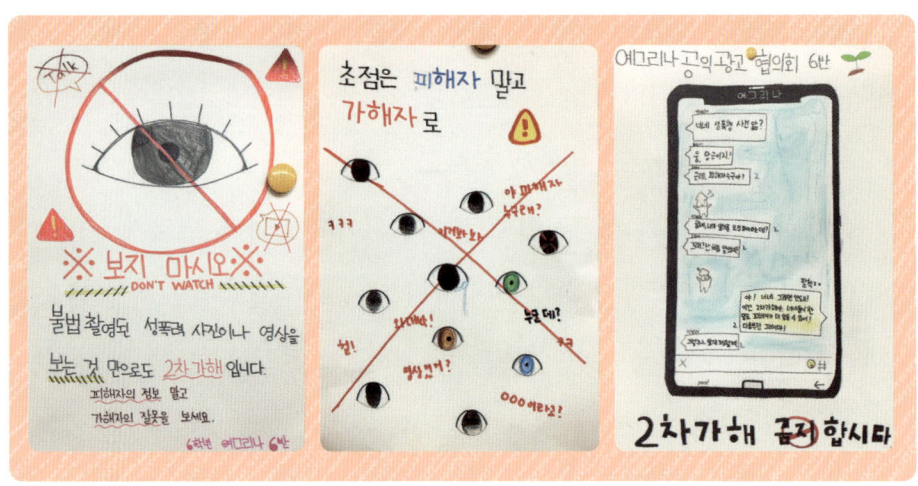

　는 온라인 기사 아래에 응원하는 댓글을 달 수도 있어요. 피해자에 대한 2차 가해를 막기 위해 포스터를 만들어 SNS에 올려도 좋아요.

　다행히 세상은 조금씩 변하고 있어요. 2020년 4월, 정부는 디지털 성범죄를 중대범죄로 인식하고 뿌리 뽑겠다고 발표했어요. 강력한 처벌·수사와 피해자 보호·지원을 위한 법과 제도를 마련하겠다고 했지요. 많은 사람들이 디지털 성범죄에 관한 낮은 처벌과 부족한 제도에 대해 지적하고 바꾸려고 노력했기 때문이에요. 여러분도 기분 좋은 변화에 함께해 보세요.

김 여사라는 말, 왜 쓰면 안 돼요?

12월

| MON | TUES | WED | THURS | FRI | SAT | SUN |

완전 맘충인듯.

흑형 간지는 인정이야.

거기 짱깨동네지?

으~틀딱 지나간다.

급식충들 되게 시끄럽네.

우리는 모두 이름이 있어요. 부모님이나 집안 어른이
잘 자라서 좋은 사람이 되라고 고민해서 지어 주신
이름이지요. 이름은 특이하게도 나보다는 다른 사람이
많이 사용해요. 가끔은 이름 대신 사람의 특징이나 특성을
나타내는 별명을 재미로 지어 부르기도 하고요. 하지만

무심코 지어 부른 호칭이 듣는 사람에게 상처가 된다면요?

알면 더 이상 쓸 수 없는 우리 주변의
'이름'들을 하나씩 들여다봅시다.

혐오 표현이 뭔데요?

주변에서 심심치 않게 벌어지는 몇 가지 상황을 살펴볼게요. 첫 번째는 여성 운전자, 두 번째는 흑인, 세 번째는 이주민, 마지막은 장애인에 대해 말하고 있어요. 어떤 의미일까요?

아무리 봐도 긍정적인 표현은 아니에요. 비하, 조롱, 차별과 같이 부정적인 단어와 더 잘 어울려 보이죠. 이런 말들을 '혐오 표현'이라고 해요. 혐오의 사전적 의미는 '어떠한 것을 증오, 불결함 등의 이유로 싫어하거나 기피하는 감정'이에요. 하지만 혐오 표현은 단순히 미워하고 싫어하는 감정만 담긴 게 아니에요.

혐오 표현을 이해하기 위해서 먼저 '소수자'가 무엇인지 알아야 해요. 소수자는 단순히 수가 적은 집단이 아니라 '신체적·문화적 특징이 사회의 지배 집단과 다르다는 이유로 차별 대우를 받는 집단'을 말해요. 이를테면 장애인은 비장애인과 다르다는 이유로 생활에 제약을 받거나 차별적인 시선을 받기도 해요. 한국에 사는 외국인은 외모가 다르다는 이유로, 의사소통이 잘 되지 않는다는 이유로 부당한 대우를 받는 경우가 많지요.

혐오 표현은 바로 이러한 소수자에 대한 적대감을 드러내거나 차별을 부추기는 표현을 말해요. '흑인은 운동을 잘할 거야, 운전 못하는 건 여성일 거야, 조선족은 범죄를 저지를 거야'처럼요. 그러니 혐오 표현은 특정 집단을 차별하는 결과를 낳고 사회적으로 심각한 문제예요.

그럼 혐오 표현은 욕일까요? 사전에서 욕설은 '남의 인격을 무시하는 모욕적인 말, 저주하는 말'이라고 설명해요. 욕과 혐오 표현의 공통점은 상대에게 상처를 준다는 점이죠. 차이점은 혐오 표현이 사회에 영향을 미친다는 점이에요. '특정 집단의 정체성을 차별'하는 행위니까요. 차별은 잘못된 기준으로 특정 집단을 불평등하게 대우하는 행위죠. 혐오 표현을 쓰는 것만으로도 사회적 소수자를 차별하는 일에 참여하고 스스로 정당화하게 된답니다.

김 여사, 흑형, 짱깨, 맘충, 틀딱 이런 단어가 바로 특정 집단에 대한 차별이 담긴 폭력적인 말이지요. 다만 꼭 이름을 만들어 붙여야만 혐오 표현은 아니에요. 동성 친구끼리 어울리는 모습을 두고 "너 게이냐?", "얘네 레즈야."라며 놀리듯 말하는 행위는 성소수자의 존재를 비하하는 태도를 담고 있어 혐오 표현이라고 할 수 있답니다.

또 사람들에게 편견이 생기도록 부추기는 말도 혐오 표현일 수 있어요. '동성애자는 더럽다, 치료해야 하는 병이다'처럼 편견이 담긴 말들은 성소수자를 위축시키고, 자신이 성소수자임을 드러내기 어렵게 해요. 그러면 사람들은 우리 주변에 성소수자가 있다는 사실을 잘 알지 못하게 되고, 그럴수록 성소수자가 특이하고 이상한 존재라는 편견은 더욱 심해지겠지요. 장애인의 반대말은 '비장애인'인데, 이 단어 대신 '정상인'이라는 말을 사용한다면 '장애인은 비정상'이라는 인식을 갖기 쉬워요. 민감하게 들여다보지 않으면 나도 모르는 사이에 혐오 표현을 사용하고 있을지 몰라요.

약자를 향하는 혐오 표현

 김 여사, 흑형, 짱깨, 맘충, 틀딱이 왜 혐오 표현인지 좀 더 자세히 살펴볼게요.

 김 여사는 운전이 서툰 중년 여성 운전자를 깎아내리는 표현이에요. 그저 '운전을 못하는 사람'이라고 생각할 수도 있지만 여성에게만 쓰는 '여사'를 붙여 씀으로써 '여성이 운전을 못한다'는 인식을 함께 전달하지요. 하지만 이는 사실이라고 보기 어려워요. 경찰에서 밝힌 통계를 보면 남성이 낸 사고가 여성이 낸 사고보다 4배가량 많았어요. 운전자 중에 남성이 많아서 그렇다고 생각할 수 있지만, 열 명 중 네 명은 여성 운전자랍니다. 그럼에도 불구하고 여성 운전자는 운전할 때마다 '김 여사'라는 비난을 받기 쉽습니다. 한번 붙은 혐오 표현은 떼어 내기 어려워요. 여성은 운전을 할 때마다 '김 여사'라는 말을 들을까 봐 위축되고 약자가 됩니다.

 흑형은 어떨까요? 흑형이 친근한 느낌을 주는 '칭찬'이라고 생각하는 사람도 있어요. 하지만 혐오 표현인지 아닌지는 말한 사람의 의도에 따라 결정되는 것이 아니에요. 특정 집단에 대한 고정관념을 강화한다면 혐오 표현이 될 수 있어요. 흑형은 '흑인은 신체적 능력이 뛰어나다'는, 특정 인종에 대한 편견을 기반으로 한 표현이기 때문에 혐오 표현으로 분류돼요. 한국에 사는 흑인이 가장 상처받는 표현 중 하나라고 합니다. 상대가 싫어한다면, 과연 그게 칭찬일까요? 또한 상대를 개인이 아니라 인종으로 부르는 것도 문제죠. 여러 나라의 사람들이 모여 사는 유럽에서 모든 사람을 이름으로 부르는데, 아시아 사람에게만 "야 동양인!"이라고 부르는 것과 비슷하다고 생각하면 돼요.

짱깨(인종 및 외국인 비하 표현), 맘충(육아하는 어머니 비하 표현), 틀딱(노인 비하 표현)도 마찬가지예요. 짱깨는 짜장면을 속되게 부르는 말로, 중국인을 비하하여 부르는 이름이에요. 맘충은 '엄마'를 뜻하는 맘(mom) 뒤에 벌레 충(蟲) 자를 붙인 신조어예요. 공공장소에서 시끄럽게 구는 아이를 잘 돌보지 못하는 어머니들(여성)에 대한 혐오를 담고 있습니다. 틀딱은 노인이 틀니를 사용한다는 발상에서 만들어진 비하 표현입니다. 외국인, 육아하는 여성, 노인 모두 사회에서 높은 지위와 권력을 누리는 집단이라고 보기 어려워요. 혐오 표현은 사회에서 영향력이 약한 소수자를 대상으로 생겨나고 있어요. 약자에게로 흐르는 혐오 표현, 이대로 우리 문화 속에 스며들어도 괜찮을까요?

재미있는 놀이라고요?

우리는 이런 혐오 표현을 어디에서 가장 많이 접할까요? 혐오 표현 인식 조사(2019. 5.)에 따르면 청소년은 주로 SNS, 커뮤니티, 유튜브, 게임과 같은 온라인 공간에서 혐오 표현을 접한다고 답했어요. 혐오 표현을 문

제라고 생각하지 않는다는 답변도 22.3%나 되고요. 혐오 표현을 사용하는 이유로는 '동의하니까, 남들도 쓰니까, 재미있으니까'라는 답변이 많았어요. 어쩌다 사람들은 타인의 존엄성을 해치는 혐오 표현이 재미있는 농담이라고 여기게 되었을까요?

    미리 계획하고 정해 놓은 정보만 볼 수 있는 TV와 달리 유튜브는 훨씬 다양한 정보를 생생하게 접할 수 있는 공간이에요. 누구나 영상을 만들 수 있고, 국적과 상관없이 감상할 수 있고요. 그래서 성별 나이 상관없이 모이다 보니 영향력이 매우 커졌고, 수익을 내기 위해 더 자극적으로 차별과 혐오를 이용하기도 해요. 인종차별, 성차별, 성 정체성 혐오 등 차별, 혐오를 부추기는 콘텐츠는 연간 2천여 건이나 된답니다. 이러한 콘텐츠를 소비하는 주체 중 다수가 여러분 또래의 십 대라는 사실이 걱정스럽기도 해요. 자신만의 가치관을 정립해 나가는 시기에 자극적이고 선정적인 혐오 콘텐츠를 자주 접하고 웃음거리로 소비하다 보면 혐오와 차별에 무뎌지지 않을까요?

좋아요+구독 NO, 신고+차단 OK

    그렇다고 유튜브가 해로운 공간이기만 한 건 아니에요. 유튜브는 성소수자, 장애인 등 기존의 방송에서 접하기 어려웠던 인물이 등장해 자신의 이야기를 할 수 있게 된 새로운 공간이기도 해요. 차별과 혐오의 대상이 되는 이유 중 하나는 '그동안 잘 드러나지 않아서, 낯설어서'거든요. 그래서 그들이 자신의 삶을 보여 주는 것만으로도 다양성을 키우고 차별과 혐오를 줄여 나가는 데에 도움이 됩니다. 어떻게 활용하느냐에 따라 유튜브는 차별과 혐오를 만들어 내는 공간이 될 수도, 차별과 혐오에 대항하는 공간이 될 수도 있어요.

유튜브 콘텐츠에서 혐오 표현이 심해지니까 이 해로움을 깨닫고 해결하기 위해 다양한 노력을 기울이고 있어요. 각종 언론이 나서 관련 기사를 쓰며 문제 해결의 필요성에 대해 강조하고, 유튜브에서도 인종, 성적 지향 기반으로 타인을 모욕하는 콘텐츠를 금지하겠다고 나섰어요.

규제만큼 강력한 힘이 이용자들에게도 있어요. 사람들이 혐오 콘텐츠를 좋아하고 많이 시청하면 유튜버는 더 많은 혐오 콘텐츠를 만들어 내요. 잘 팔리니까요. 반대로 혐오 콘텐츠를 좋아하지 않고 부당하게 여겨 시청하지 않으면 유튜버도 만들지 않겠죠. 지금까지 유튜브를 이용하는 사람들은 혐오 콘텐츠에 어떻게 반응하고 있을까요?

가장 많은 반응은 '무시(70.5%)'였고 다음은 '피한다(57.5%)였어요. 결과가 조금 아쉬워요. 무시하거나 피하면 나는 혐오 표현을 안 들을 수 있지만, 혐오 표현을 안 하게 만들 수는 없으니까요. 하지만 우리에겐 작은 버튼 하나로 유튜브 속 혐오 표현에 '무시'보다 더 나은 대응을 할 수 있는 힘이 있어요. 약자를 농담의 대상으로 삼지 않으면서 재밌는 콘텐츠에

간단한 혐오 표현 퇴치법
**클릭 한 번이면 OK,
이젠 '무시'하지 말아요!**

건전하고 재미있는 콘텐츠 골라 봐요
**좋아요!
구독, 클릭클릭**

좋아요나 구독을 눌러요. 차별과 혐오를 조장하는 영상을 신고하고, 영상을 시청하지 않고, 그 계정을 구독하지 않아요. 이렇게 간단한 방법으로도 유튜브 속 혐오 표현을 멈추는 데 함께할 수 있답니다.

혐오 표현을 몰아내는 대항 표현

작은 실천으로 첫발을 내딛었으니, 이제 좀 더 적극적으로 차별과 혐오를 줄여 나갈 방법도 찾아볼까요? 혐오 표현을 들은 사람은 심리적으로 두려움과 지속적인 긴장감, 자존감 손상과 소외감을 느낀다고 해요. 심할 경우 자살 충동과 우울증, 공황 장애와 외상 후 스트레스 장애를 겪기도 하고, 직장이나 학교를 그만두는 일도 있어요. 사소하다고 생각한 혐오 표현이 누군가에게는 심리적, 신체적, 경제적 어려움을 가져온 셈이에요.

이럴 때 혐오 표현을 들은 당사자에게 가장 필요한 건, 혐오 표현을 한 사람에게 "그런 말 쓰지 마."라고 말해 주는 누군가일 거예요. 혐오 표현을 중단시킬 수 있는 말을 대항 표현(counter speech)이라고 해요. 맞대응해서 혐오 표현이 힘을 못 쓰게 만드는 방법이죠. 예를 들어 "너 게이냐?"라는 말에 "그렇게 말하는 건 성소수자를 차별하는 거야." 하고 대응하는 거예요. 혐오 표현에 굳이 '아니'라고 대꾸하거나 웃어넘기는 대신에요. 이런 대항 표현은 혐오 표현을 쓴 사람을 무안하게 해서 그 표현을 더 이상 쓰지 못하게 할 수 있어요.

꼭 말로만 대항 표현을 할 수 있는 건 아니에요. 2019년 3월 뉴질랜드의 이슬람 사원에서 무차별 총기 난사 테러가 일어났어요. 무슬림에 대한 증오 범죄예요. 이때 저신다 아던 뉴질랜드 총리가 히잡을 쓰고 추모에 나서서 화제가 됐어요. 히잡은 무슬림 여성이 외출할 때 착용하는 의류이기 때문에 총리의 행동은 무슬림을 지지한다는 의미예요. 무슬림에 대한 혐오를 잠재우려는 대항 표현의 사례라고 할 수 있어요.

총리라서 할 수 있는 일 아니냐고요? 여기 일상에서 실천할 수 있는 유쾌한 사례도 있어요. 한 여성 예능인이 방송에서 '가모장' 역할을 했거든요. '가모장'은 '가부장'을 반전시킨 표현이에요. '가부장적이다'라는 표

현은 자주 들어 봤을 거예요. 가정에서 가장 큰 권력은 아버지에게 있다는 뜻이지요. 가모장은 이를 비틀어 어머니, 여성이 가장 큰 권력을 가진다는 의미로 사용한 단어예요.

'여자', '남자'가 들어갈 자리를 바꿨을 뿐인데 어색해요. 자주 듣지 못한 말이니까요. 시청자는 그 어색함에 웃음이 터졌어요. 그리고 곧 자주 쓰던 익숙한 표현도 자연스럽지 않다는 걸 깨닫게 됐지요. 이 장면들이 널리 퍼지면서 '여자 목소리가 담장을 넘으면 안 돼', '집안에 여자를 잘 들여야 해' 같은 말들이 차별적인 말이라는 걸 많은 사람들이 깨달았어요. "그건 차별이에요."라는 말을 좀 더 쉽게 할 수 있게 됐고요. 작은 대항 표현은 이렇게 때때로 큰 힘을 발휘하기도 한답니다.

물론 혐오 표현을 들은 피해자가 곧장 대항하기는 쉽지 않아요. 그러나 우리 모두가 적극적으로 맞서야 해요. 개인의 노력은 물론 사회 제도적 차원의 노력도 반드시 필요해요. 최근에는 모든 이들이 차별받지 않고 평등하게 살아갈 수 있도록 차별금지법을 제정하자는 목소리가 커지고 있어요. 차별금지법이 차별을 인식하고 대응하는 힘을 길러 주는 역할을 하기 때문이지요. 차별을 알아채고 평등한 관계를 실천해 나가면서, 모두가 혐오 표현을 멈칫하게 만드는 방지턱이 되어 봐요.

✿ 제도와 사회 분위기는 구성원 개개인이 함께 만들어 가는 거예요. 그러니 혐오 표현이 발생했을 때 한 사람 한 사람의 목소리가 무엇보다 중요해요. 누군가가 혐오 표현을 모르고 썼다면 어떻게 해야 할까요?

1 "너 그거 비하하는 거야. 혐오 표현이라고!"
즉시 개입해서 지적하기
당장은 친구가 기분 나빠할 수도 있지만, 아마 다음에 같은 표현을 하려고 할 때 주저하게 됩니다.

2 무시하기
친구가 한 말에 맞장구를 치며 대답하지 않는 것만으로도 '이 말이 부적절했나?' 생각하게 할 수 있어요.

3 웃지 않기
친구의 힘, 주변의 분위기 등 여러 이유 때문에 혐오 표현을 한 친구의 말을 무시하지 못하더라도, 주춤하며 웃음을 잠시 거두는 일만으로도 '동의하지 않는다'는 최소한의 의사 표시를 할 수 있어요.

작은 힘을 모아 주세요!

이 작은 행동들이 용기가 되어, 다음에 혐오 표현을 마주했을 땐 더 적극적으로 대항 표현을 할 수 있기를 바라요!

미디어 다시 보기

1월

연말이 되면 영화와 드라마 등 미디어 콘텐츠에 관한 다양한
시상식이 열려요. 작품성, 인기 등을 기준으로 상을 주죠.
그중에는 훌륭한 콘텐츠도 많지만, 더러는 성차별적인
내용이 포함된 경우도 있어요. 과거보다 성평등 의식이
높아지긴 했지만, 여전히 미디어 속 성차별은 남아 있어요.
오히려 전보다 더 교묘하게 숨어 있어서

주의 깊게 살펴보지 않으면 알아차리기 어려워졌지요.

자, 지금부터 영화, 드라마, 광고 등 미디어 속에
숨어 있는 차별을 새로운 시선으로 낯설게 바라보는
'다시 보기 서비스'를 시작합니다.

다양한 여성의 이야기가 필요해! 영화 다시 보기

좋은 영화란 어떤 영화일까요? 보통 영화 관람객 수나 수익 등을 떠올릴 거예요. 그런데 여기 좋은 영화를 판단하는 색다른 테스트가 있어요. 아래 네 편의 영화를 살펴보니 두 편만 이 테스트를 통과했어요. 어떤 테스트일까요?

통과 못 함

〈신과함께 : 인과 연〉, 2018년
〈극한직업〉, 2019년

VS

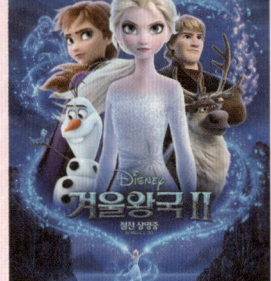

〈겨울왕국 2〉, 2019년
〈엑시트〉, 2019년

통과함

바로 '벡델 테스트'예요. 벡델 테스트는 영화 속에서 여성이 얼마나 주체적으로 행동하는지 알아보기 위한 테스트죠. 1985년 한 만화의 주인공이 세 가지 기준을 통과하는 영화만 본다고 한 데서 비롯되었어요. 그리고 이 기준은 30년이 넘은 지금도 성평등한 영화의 기준으로 널리 사용되고 있어요. 어떤 기준일지 빈칸을 채워 볼까요?

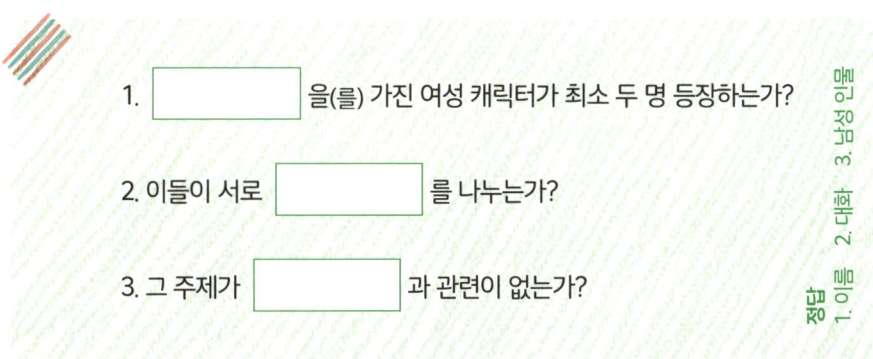

먼저 각각의 기준이 어떤 뜻인지 살펴볼게요. 첫 번째 기준은 이름을 가진 여성 캐릭터가 두 명 이상 등장해야 한다는 말이에요. 이름 없는 단역, 조연이 아니라 주인공처럼 비중 있는 여성 캐릭터가 늘어야 한다는 뜻이지요. 오랫동안 영화에서는 남성의 이야기가 대부분이었고, 여성 인물은 등장하더라도 주변 역할에 그치는 경우가 많았어요. 자신만의 이야기 없이 누군가의 연인, 아내 또는 어머니로만 등장하는 인물 말이에요.

두 번째와 세 번째 기준은 이들이 남성 인물과 관련이 없는 주제로 대화를 나눠야 한다는 말이에요. 여성 간의 관계를 그리는 방식에 변화가 필요하다는 뜻이지요. 그동안 영화에는 여성 간의 대화가 적었고, 대화를 하더라도 연애나 결혼 등 남성 인물과 관련된 내용이 대부분이었어요. 여성이기에 우정이나 직업 성취보다 연애, 결혼, 육아에 더 관심이 많다는 고정관념이 반영된 결과였지요.

성평등한 영화의 기준치고 너무 시시하다고요? 하지만 놀랍게도 이 기준조차 통과하지 못한 영화가 많아요. 2020년 가장 흥행한 한국 영화 28편 중 벡델 테스트를 통과한 영화는 15편에 불과했다고 해요.

앞서 소개한 영화 〈신과함께 : 인과 연〉은 세 가지 기준 모두 통과하지 못했어요. 주연 다섯 명과 조연 여덟 명을 통틀어 여성 캐릭터는 '덕춘' 한 명뿐이었기 때문이에요. 단역까지 포함하면 여성 인물이 몇 명 더 등장하긴 하지만 누군가의 아내 등으로 소개될 뿐, 이름은 없습니다. 게다가 아주 잠깐 등장해서 비중 있는 캐릭터라고 보기는 어렵지요. 이름을 가진 여성 캐릭터가 두 명 이상 등장해야 한다는 첫 번째 기준을 통과하지 못했으니 이들이 서로 대화를 하거나 그 대화의 주제가 남성과 관련이 없어야 한다는 두 번째와 세 번째 기준은 당연히 충족시키지 못했지요.

〈극한직업〉에는 이름을 가진 여성 캐릭터가 두 명 등장해요. 주연 중에는 '장 형사', 조연 중에는 '선희'지요. 그리고 영화 후반부에 장 형사와 선희가 잠깐 대화하는 장면이 나와요. 따라서 첫 번째와 두 번째 기준은 통과했어요. 하지만 두 사람이 나누는 대화는 딱 한마디뿐인 데다 남성 캐릭터인 '마 형사'에 관한 내용이어서 세 번째 기준은 통과하지 못했습니다.

최근에는 이러한 문제의식에 공감하는 사람들이 늘면서 영화계에도 변화의 바람이 불고 있어요. 여성 캐릭터가 주인공인 영화도 늘고 있고, 그들의 모습도 다채로워지고 있답니다. 다른 사람의 도움을 기다리기보다 자신의 힘으로 문제를 해결하고, 재난 상황에서도 적극적이고 용감하게 행동합니다. 다음 두 영화처럼요.

〈겨울왕국〉은 주인공 엘사가 모험을 통해 한층 성장하고 마침내 왕국을 구하는 이야기예요. 그동안 남성 캐릭터 위주던 모험 이야기의 틀을 깬 영화입니다.

〈겨울왕국 2〉, 2019년

☑ **이름 있는 여성 캐릭터가 두 명 이상 등장하는가?**
'엘사'와 '안나'는 물론 둘의 어머니 '이두나', 노덜드라족 '옐라나'와 '허니마렌'까지 이름을 가진 여성 캐릭터가 여럿 등장해요.

☑ **이들이 서로 대화를 나누는가?**
여성 캐릭터 간 대화를 나누는 장면은 무척 많이 등장해요.

☑ **대화의 주제가 남성 인물과 연관이 없는가?**
이들은 아렌델 왕국의 안위와 마법의 숲, 아토할란 등 남성 외에도 다양한 주제로 대화해요. 멋진 왕자님과의 결혼이 주 소재였던 여러 공주 이야기와 다른 지점이기도 하지요.

기존 재난 영화에서 여성은 보호받아야 할 대상으로 그려졌어요. 하지만 이 영화에서 여자 주인공 '의주'는 위기 상황에서도 침착하게 대응해요. 또 대학 시절 암벽 등반을 했던 실력을 살려 건물과 건물을 오가는 등 적극적이고 주체적으로 행동합니다. 〈엑시트〉, 2019년

☑ **이름 있는 여성 캐릭터가 두 명 이상 등장하는가?**
영화의 주인공은 '용남'과 '의주' 둘이에요. 이름 있는 여성 캐릭터로는 주인공 '의주'를 비롯해 용남의 어머니 '현옥'과 용남의 누나 '정현' 등이 등장해요.

☑ **이들이 서로 대화를 나누는가?**
영화에서 의주와 현옥, 정현 등이 대화하는 장면이 자주 등장해요.

☑ **대화의 주제가 남성 인물과 연관이 없는가?**
이들은 주로 재난 상황에서 벗어날 방법에 관해 이야기를 나눠요.

물론 모든 영화의 주인공이 여성이어야 한다는 건 아니에요. 중요한 건 '다양성'이에요. 실제로 미국 수사 드라마 CSI 시리즈에 여성 법의학자가 등장한 후 미국 법의학 분야에서 여성의 비율이 크게 늘었어요. 이렇듯 미디어는 현실에 큰 영향을 끼칩니다. 고정관념을 깨는 여성의 모습이 미디어에 많이 등장할수록 현실 속 여성의 모습도 더 다채로워질 수 있어요.

그때는 로맨스, 지금은 폭력
드라마 다시 보기

이번에는 드라마를 다시 살펴볼까요? 예전 드라마 속 명장면을 모아 봤어요. 상황을 보고 적절한 말이나 행동을 골라 보세요.

Q 여자 친구가 통 밥을 먹지 않아 걱정이다. 한 숟가락이라도 먹었으면 좋겠는데 아무리 물어봐도 반응이 없다. 이때 남자 친구가 할 말로 적절한 것은?

A ① (걱정스런 목소리로) "먹고 싶은 거 없어? 죽이라도 끓여 올까?"

② (소리치며) "밥 먹을래, 나랑 죽을래!"

Q 남자 주인공이 좋아하는 여자가 있다. 그런데 이 여자는 주인공의 마음을 받아 주지 않는다. 심지어 주인공 앞에서 다른 사람을 좋아한다고 말한다. 이때 남자 주인공이 할 행동으로 적절한 것은?

A ① 좋아한다고 솔직하게 이야기해 본다.

② 박력 있게 끌어안고 키스한다.

모두 실제 드라마 속 장면들이에요. 상식적으로 생각한다면 두 질문 모두 ①번을 선택해야겠지만, 드라마 속 주인공은 ②번을 선택했어요. 당시에는 해당 장면이 로맨틱한 명장면으로 손꼽히며 큰 인기를 끌었어요.

애정을 폭력으로 표현하는 것을 멋있다고 받아들이던 때가 있었어요.

몇몇 드라마만의 문제는 아니에요. 폭력을 로맨스로 포장하는 드라마는 많아요. 상대를 억지로 차에 태우는 장면, 거부하는데도 벽에 밀치고 키스하는 장면은 드라마의 단골 소재였어요. 인물의 폭력성은 '진정한 사랑'을 보여 주는 장치로 자주 사용되었어요. 상대를 너무 사랑한 나머지 자신의 욕망을 참지 못한다는 설정이었지요.

지금은 어떨까요? 여성 인권 운동 단체인 한국여성민우회에서 2017년과 2018년에 걸쳐 드라마 120편을 분석해 봤더니 폭력을 로맨스로 묘사한 장면이 무려 739건이었어요. 손목 낚아채기, 기습 포옹, 기습 키스처럼 강제로 스킨십을 하는 장면은 425건, 애인을 자신이 원하는 대로 행동하게 하거나 애인의 옷차림을 단속하는 등 행동을 통제하는 장면은 104건이나 확인되었어요. 다른 사람의 뒤를 쫓거나 몰래 감시하는 '스토킹'도 62건이나 등장했지요. 드라마에서는 아직도 폭력을 사랑이라고 표현해요.

폭력을 로맨스로 미화하는 건 잘못된 연애관을 퍼뜨릴 위험이 있기 때문에 조심해야 해요. 애인의 간섭이나 통제, 집착을 사랑으로 착각하게 하거든요. 또 연인이나 부부 사이에서 일어나는 폭력을 '사소한 사랑싸움' 정도로 생각하게 만들기도 해요. 그러다 보면 가까운 사이에서 일어난 폭력이 밖으로 드러나기 어려워져요. 또 피해자가 피해 사실을 깨닫지 못할 수도 있어요.

 만큼 사랑한다.

빈칸에 '물건을 던질', '억지로 키스할', '손목을 잡아끌', '소리를 지를'이라는 말이 들어갈 수 있을까요? 그건 사랑이 아니라 폭력이에요. '사랑해서 그랬다'는 말은 변명이 될 수 없어요. 사랑한다면 상대방을 무섭게 하거나 상대가 싫어하는 행동을 억지로 하지 않아요. 상대방의 의사를 존중할 테니까요.

변화의 조짐도 있어요. 2019년 방영된 모 드라마는 탄탄한 스토리와 흥미진진한 전개로 시청자에게 많은 사랑을 받았지만, 폭력적인 장면까지 이해받지는 못했어요. 이 드라마에는 주인공의 손목을 억지로 잡아끄

┗, 스토킹은 범죄입니다!
┗, 과연 저 여성이 좋아할까요?
┗, 제발 이런 진부한 장면은 없었으면 좋겠어요.

┗, 손목을 왜 잡아. 말로 해야지.
┗, 너무 폭력적이에요. 다음 회에는 손목 잡는 장면 없었으면 좋겠어요.
┗, 손목 잡아채는 거 하나도 안 멋있어.

는 장면이 유독 많아 시청자의 비난을 받았어요. 해당 회차가 방영된 이후 시청자 게시판과 댓글, 각종 커뮤니티에 '폭력적이다', '불필요하다', '폭력을 미화한다'는 비판이 쏟아졌지요.

몇 년 전만 해도 로맨스를 가장한 폭력을 '멋있다', '박력 있다'고 하던 것과 비교하면 무척 다른 반응이에요. 시청자의 생각이 변하고 있는 만큼, 드라마 제작진도 더 신중해지겠지요?

무엇을 팔고 있나요?
광고 다시 보기

이번에는 광고를 살펴볼게요. 우리는 TV나 유튜브 등에서 매일 광고를 봐요. 이렇게 자주 접하는 광고에도 성차별이 숨어 있다는 것, 깨달았나요?

다음의 그림을 보고 어떤 광고일지 맞혀 보세요.

왼쪽부터 애플리케이션, 음료, 게임 광고예요. 답을 맞혔나요? 아마 추측하기 어려웠을 거예요. 어떤 상품을 광고하는지 단서가 될 만한 것이 거의 없으니까요. 상품은 보이지 않고 연예인만 보인다고요? 얼핏 봐서는 연예인의 생일이나 컴백 광고 같기도 해요. 몸매가 강조된 걸로 봐서는 다이어트 광고나 의류 광고처럼 보이기도 하고요.

광고를 만드는 목적은 제품을 더 많이 팔기 위함이에요. 그래서 보통

　은 제품의 기능이나 효과를 강조해서 사람들의 이목을 끌려고 해요. 위의 광고에서는 사람들의 관심을 끌기 위해 무엇을 강조하고 있나요? 제품 자체인가요, 아니면 모델의 '몸'인가요?

　상품과 관련이 없는데도 성을 이용해 상품을 홍보하는 것, 나아가 성을 하나의 상품처럼 취급하는 것을 '성 상품화'라고 해요. 모델이 딱 달라

붙는 짧은 옷을 입고 있으면 음료의 맛이 더 잘 표현될까요? 핸드폰의 성능과 모델의 몸매가 연관이 있을까요?

앞에서 살펴본 광고 말고도 많은 광고가 성을 내세워 이목을 끌고 이를 통해 이득을 취하려고 해요. TV에, 유튜브에, 잡지에 성을 상품화하는 광고는 넘쳐나요. 시리얼을 광고하면서 비키니를 입은 모델이 등장하거나 자동차를 홍보하면서 맨살이 다 드러나는 옷을 입은 연예인이 등장하는 식으로요.

이런 것도 성 상품화일까요?

성 상품화는 광고뿐만 아니라 다른 미디어 콘텐츠에서도 쉽게 찾아볼 수 있어요. 하나씩 살펴봅시다.

몸이 드러나는 옷을 입고 춤을 추는 아이돌

여자 아이돌은 핫팬츠나 짧은 치마를 입고, 남자 아이돌은 상의를 벗고 등장하기도 하지요. 아이돌이 새 음반을 내면 음악 자체뿐만 아니라 외모, 의상, 몸매, 춤 등도 함께 큰 이슈가 돼요. 회사는 아이돌의 얼굴부터 머리 모양, 몸매까지 관리하지요. 결과적으로 아이돌은 음악뿐만 아니라 성적 매력도 함께 판매하는 것이고, 이 과정에서 아이돌의 몸은 하나의 상품이 되는 셈이에요.

이러한 문제점을 깨닫고 팬들 사이에서도 무대에 집중할 수 있는 편안한 의상을 선호하는 반응이 늘어나고 있어요. 아이돌의 노출을 걱정하며 불편하게 무대에서 공연하는 모습을 보고 의상을 교체해 달라는 댓글이 연이어 달리기도 해요. 이러한 사회적 움직임에 발맞춰 아이돌의 의상도 변화하고 있답니다.

영화 속 불필요한 노출 장면

영화를 보다 보면 몸매가 강조되는 옷을 입고 등장하는 캐릭터가 종종 있어요. 이야기 전개상 꼭 필요한 장면이 아니거나, 꼭 필요한 노출이 아닌데도 말이에요. 심지어 성범죄를 다루면서 피해 사실을 자극적으로 묘사하기도 합니다. 성범죄의 문제점을 진지하게 다루기보다 하나의 노출 장면처럼 그려 내지요. 이러한 방식은 성범죄의 심각성을 가리는 데다 피해자에 대한 2차 가해가 될 수 있어요. 따라서 최근에는 콘텐츠를 제작하는 사람들의 윤리 의식이 중요하다는 목소리가 높아지고 있어요.

신체 부위를 강조하는 게임 캐릭터

남성 캐릭터는 갑옷으로 몸을 보호하는 반면, 여성 캐릭터는 노출이 있는 옷을 입은 경우가 많아요. 대개 큰 가슴과 잘록한 허리를 강조하는 옷이지요. 전쟁에 나가면서 가슴과 허리를 무방비로 노출하는 전사가 있을까요? 개연성이나 능력보다 눈요기를 더 중요하게 생각한 거예요. 이는 신체를 이용한 마케팅이자 성 상품화에 해당해요.

성 상품화의 가장 큰 문제점은 사람을 마치 상품이나 물건으로 보게 한다는 데 있어요. 사람은 돈으로 사고팔 수 있는 존재도, 등급을 매길 수 있는 존재도 아니에요. 하지만 성 상품화에 익숙해진다면 사람을 물건처럼 취급할 수 있겠지요.

하지만 오해하지 않기를 바라요. 노출이 있는 옷을 입는 게 잘못되었다는 의미가 아니에요. 노출이 있는 옷을 입었다고 모두 성 상품화는 아닙니다. 어떤 옷을 입을지는 개인의 자유이고 다른 사람의 옷차림을 단속하거나 비난할 권리는 아무에게도 없어요. '무엇을 입었는지'보다 '어떻게 이용하는지'를 유심히 살펴보는 게 중요합니다.

✿ 지금까지 미디어 속 성차별을 알아봤어요. 어쩌면 그동안 재미있게 보던 드라마나 영화, 광고가 조금은 불편해질지도 모르겠네요. 하지만 괜찮아요. 그건 여러분이 이상해서가 아니라 그만큼 세상을 보는 눈이 넓어지고 예민해졌다는 뜻이기도 하니까요! 달라진 시선으로 '좋은 미디어 콘텐츠'란 무엇일지 기준을 세워 보면 어떨까요?

- 애인에게 소리 지르거나 물건을 집어 던지는 걸 사랑이라고 포장하지 않는 드라마
- 다양한 여성 캐릭터가 등장하는 영화
- 제품과 상관없는 노출을 하지 않는 광고

- _____
- _____
- _____
- _____
- _____
- _____

꿈에는 성별이 없어요!

2월

※ 인터뷰 내용을 실을 수 있도록 허락해 주신 타워크레인 기사 백순애 씨와 유치원 교사 김건형 씨께 감사드립니다.

내가 내 장래 희망을 결정한 게 아닐 수도

있다는 생각, 해 본 적 있나요?

성 고정관념은 우리의 선택에 많은 영향을 미쳐요.

진로 선택에 있어서도
예외는 아닙니다.

고작 성별이 우리의 꿈을 막아서지 못하게

하려면 어떻게 해야 할까요?

남들이 가지 않은 길을 가는 사람들

여러분은 인물의 직업을 보고 성별을 구별할 수 있나요? 아홉 명의 직업을 적어 보았어요. 성별이 무엇일지 생각해 봐요.

① 목수	② 메이크업 아티스트	③ 플로리스트
④ 유치원 교사	⑤ 조선소 용접공	⑥ 항공기 기장
⑦ 과학자	⑧ 직업 군인	⑨ 타워크레인 기사

많은 사람들이 ②, ③, ④는 여성, ①, ⑤, ⑥, ⑦, ⑧, ⑨는 남성의 직업으로 어울린다고 생각해요. 차분하고 섬세하고, 뭔가를 꾸미고 가꾸는 일은 여성에게, 힘을 쓰거나 거친 일은 남성에게 알맞다는 생각이지요.

그렇지만 얼마든지 성별 상관없이 직업을 선택할 수 있답니다. 여자 직업, 남자 직업이 따로 있지 않아요. 여자도 목수가 되어 훌륭하게 가구를 짤 수 있고, 남자도 플로리스트가 되어 예술적으로 꽃과 화분을 가꿀 수 있어요.

성 고정관념을 깬 직업인은 일보다 이런 편견을 견디는 게 더 어렵다고 말하기도 했어요. 그럼에도 불구하고 새로운 길을 개척하고 세상의 편견과 싸우는 직업인들이 여기 있어요.

Q 차별받은 경험이 있으신가요?

A 아무도 날 못 건드려요. 여자니까 난 이런 거 못해 하는 생각은 하지 않아요. 하하하!

Q 자신의 직업에 한 말씀 해 주세요.

A 고소공포증 없고 기계치가 아니라면 누구나 할 수 있는 직업이에요. 방송이나 영화에서 본 적 없겠지만, 사실 국내 여성 타워크레인 기사는 수백 명에 달한답니다.

타워크레인 기사 백순애 씨는 안전이 최우선이라는 생각으로 책임감을 갖고 30여 년간 일해 왔어요.

Q 선생님을 본 아이들의 반응은 어떤가요?

A 익숙하지 않아서인지 아이들이 저를 보고 잠깐 굳어 버리기도 하지만, 시간이 지나면 잘 적응해요.

아이들이 좋아서 유치원 교사가 되었다는 김건형 씨는 남자 유치원 교사의 존재만으로도 유치원 교육 다양성에 도움을 준다고 얘기했어요. 새로운 시선으로 교육 과정을 만들 수 있다면서요.

성별과 어울리는 직업이 있다고 생각하면, 내 성별과 어울리지 않는 직업을 꿈꾸기는 어려운 일이에요. 우리는 어쩌면 반쪽짜리 꿈과 직업을 보며 장래 희망을 고민하는지도 몰라요. 꿈과 직업이 한정되어 있으니 우리 자신이 스스로 한계를 긋고 여자는 여자 직업 중에서, 남자는 남자 직업 중에서 고르게 되지요. 하지만 성격이나 옷차림에 성별 구분이 없듯이, 꿈에는 성별이 없답니다.

직업에 대한 고정관념을 내려놓고, 마음껏 꿈꾸어 보세요. 색다른 꿈을 꾸는 친구가 있다면 응원해 주세요! 70억의 수만큼 다채로운 꿈을 꾸고 인정받는 세상이야말로 서로를 존중하며 모두가 행복한 세상일 테니까요.

더 많은 여성 롤 모델이 필요해!

여러 직업인들의 노력에도 불구하고, 최근 교육부에서 조사한 학생의 희망 직업 순위를 살펴보면 성별에 따라 다른 꿈을 꾸고 있다는 걸 보여줬어요. 남학생 희망 직업에는 중학교 단계부터 경영자(CEO)와 건축가가

10위권에 등장하는 반면, 여학생 희망 직업에서는 해당 직업군이 나타나지 않았어요. 그 대신 여학생 희망 직업에는 뷰티 디자이너, 항공기 승무원, 간호사, 유치원 교사, 심리 상담사 등이 있었다고 해요. 이에 대해 전문가는 "학생은 같은 성별의 어른이 주로 어떤 직업을 갖는지를 보면서 '롤 모델'로 삼거나 장래 희망을 정한다"면서 "초·중·고 단계부터 여성과 남성 모두에게 다양한 롤 모델을 보여 줄 필요가 있다"고 말했어요.

그런데 남성이 진출하지 못한 분야보다 여성이 진출하지 못한 분야가 훨씬 많다는 사실을 알고 있나요? 과거에는 여성의 능력을 믿지 않았어요. 여성은 남성보다 똑똑하지 못하고, 강하지 못해서 어렵고 힘든 일을 해결할 수 없다고 생각했지요. 그러다 보니 과학, 예술, 경제 등 분야를 막론하고 여성의 진출이 어려웠고, 그만큼 늦어졌어요. 여성과 남성 모두에게 다양한 롤 모델이 필요하지만 사회적으로 훌륭하다고 인정받는 많은 분야에 진출한 여성은 현저하게 적어요.

미국 경영대학원(MBA)의 졸업생 열 명 중 네 명은 여학생이지만, 세계 500대 기업의 여성 CEO는 겨우 백 명 중 일곱 명밖에 안 돼요. 한국은 더 심해요. 한국의 여성 CEO 비율은 3%로 아주 낮은 편이에요. 국회의원 중 여성의 비율이 2020년에 19%로 늘어났지만, 회원국으로 있는 국제경제협력기구(OECD)의 평균(29%)보다 한참 낮은 수치예요. 이처럼 사회에 진출한 여성의 수가 적으니 여성 롤 모델이 적을 수밖에 없겠지요.

오랫동안 한국 사회에는 성 고정관념이 뿌리 깊게 자리 잡고 있었어요. 이 때문에 여성은 직장을 갖기보다 가정에서 자녀를 양육하는 데 집중하는 일이 많았죠. 시대가 변하고 여성의 사회 진출이 과거에 비해 활발해졌지만 여전히 여성의 능력을 의심하는 시선은 남아 있어요. 여성은 집안일과 병행할 수 있는 쉽고 단순한 일이 알맞다는 인식 말이에요.

많은 전문가는 여성 롤 모델이 부족한 원인 중 하나로 유리천장을 꼽아요. 유리천장은 눈에 보이지 않는 투명한 장벽을 말해요. 미국의 경제 주간지인 〈월스트리트저널〉이 1970년에 처음 사용했어요. 충분한 능력을 갖춘 사람이 직장 내 성차별이나 인종차별 등의 이유로 고위직을 맡지 못하는 상황을 비유적으로 이르는 용어죠. 영국 경제 주간지 〈이코노미스트〉에서 유리천장지수를 매년 발표하는데, 한국은 여성과 남성의 소득 격차가 심하고 여성 관리자 및 임원 비율이 매우 낮아 무려 7년 동안 OECD 주요 국가 중 꼴찌를 기록했어요.

또 세계 경제 전문지 〈포춘〉의 조사에 따르면 특히 정보 기술 업계로의 여성 진출을 가로막는 가장 큰 장애물은 '여성 롤 모델'이 거의 없는 점이라고 해요. 내 앞에 난 길을 앞서 걸어간 사람이 아무도 없는데 도전하기란 정말 어려운 일일 거예요. 뒤에 올 많은 사람들을 위해서라도, 먼저 앞서갈 여성 롤 모델의 자리를 만드는 것은 정말 중요한 일이에요. 그 롤 모델을 보고 다양한 직업군에 여성이 진출하게 되면, 직업에 대한 성 고정관념도 옅어질 수 있을 테고요.

유리천장을 깬 사람들

어려운 현실 속에서도 다른 이들의 꿈에 불을 지피는 여성 롤 모델들이 있어요. 다양한 분야에서 길을 닦으며 달려가고 있는 사람들을 살펴볼게요.

미국 최초의 아시아계 흑인 여성 부통령 카말라 해리스

카말라 해리스는 당선 후 연설에서 어린 여성들을 향해 인상 깊은 말을 했어요. "제가 부통령을 수행하는 첫 여성이지만, 마지막은 아닐 것입니다."
이 말 한마디는 전 세계 소녀들에게 가능성이 되어 주었지요.

한국 질병관리청장 정은경

전 세계가 코로나19의 위험에 빠진 상황에서 한국의 방역은 세계의 모범이 되었어요. 그는 성실하고 정직하게 소통하며 코로나19로부터 국민을 지켜내고 있어요. 이런 공로를 인정받아 2020년 BBC와 〈타임〉지 등 세계적인 언론에서는 그를 '가장 영향력 있는 100인'에 선정했답니다.

유튜브 최고경영자 수전 보이치키

여러분이 자주 사용하는 유튜브, 유튜브가 바로 수전 보이치키의 손에서 탄생했어요! 구글에서 처음으로 출산 휴가를 쓴 인물이기도 해요. 여성이 육아와 직장 생활에서 균형을 찾는 일에 큰 관심을 갖고 돕고 있어요.

100년 만에 펩시를 1위로 만든 인드라 누이

세계 탄산음료 시장에서 늘 2위였던 펩시를 100년 만에 1위로 올려놓은 유능한 CEO예요. 어머니가 늘 "넌 뭐든지 될 수 있다!"고 자신감을 불어넣어 주었다고 해요.

여성 최초의 아벨상 수상 캐런 울렌베커

아벨상은 수학 분야에 가장 큰 영향을 미친 수학자에게 주어지는 상으로 수학의 노벨상이라고 불려요. 그가 여성으로서는 최초로 2019년에 수상했지요. 수학계에서 여성의 롤 모델임을 스스로 인정한 그는, 현재 더 많은 여성이 수학 연구 경력을 쌓을 수 있도록 돕고 있어요.

놀라운 경력을 가졌죠? 이들을 가리켜 흔히 '유리천장을 깬 여장부가 등장했다', '여풍(女風)이 거세다'고 표현하곤 해요. 하지만 유리천장은 그 분야에서 딱 한 명의 훌륭한 여성이 등장했다고 해서 단번에 와장창 깨지는 것이 아니에요. 그 분야에 수많은 여성이 생겨나고, 이 분야에 여성 리더가 등장한 것이 어색하거나 놀라운 일이 아닐 때 비로소 유리천장이 깨졌다고 할 수 있겠죠.

롤 모델이 있으면 좋다고 이야기했지만, 만약 선배가 거의 없는 분야가 있더라도 포기하지 않는 것이 중요해요. 어느 분야든 처음은 있고, 그 처음이 여러분이 아니라는 법은 없으니까요. 도전한 분야에서 성공 경험을 계속 쌓으며 '할 수 있다'고 믿고 성장했으면 해요. 정말로 여러분이 원하는 것을 끝까지 좇아 봐요. 성별이 여러분의 꿈을 꺾지 않도록 말이에요. 쉽진 않겠지만 꿈을 이뤄서, 누군가에게 좋은 선배가 되어 주는 것도 정말 의미 있고 멋진 일이니까요. 스스로를 믿어 봐요!